열린 발상으로 세계를 검색하다

구글

과학동아북스

구글 열린 발상으로 세계를 검색하다

초판 1쇄 인쇄 2012년 4월 9일
초판 1쇄 발행 2012년 4월 16일

지은이	수잔 E. 하멘
옮긴이	최윤희
펴낸이	김두희
총괄이사	허두영
편집	박희정 이명준 송지혜
외주디자인	블룸
마케팅본부장	이경민
출판마케팅팀장	김재필
출판마케팅팀	이상민 이성우
제작	박주현
펴낸곳	(주)동아사이언스
등록일	2001년 3월 15일(제312-2001-000112호)
주소	(120-715) 서울시 서대문구 충정로 29 동아일보사 16층
전화	(마케팅) 02-3148-0861~2 (편집) 02-3148-0833~4
팩스	02-3148-0809
이메일	books@dongaScience.com
홈페이지	www.dongaScience.com

ISBN 978-89-6286-087-0 (14300)

※ 책 가격은 뒤표지에 있습니다.
※ 잘못된 책은 바꿔 드립니다.

과학동아북스는 과학문화창조기업 (주)동아사이언스의 출판 브랜드입니다.
다양한 콘텐츠를 바탕으로 유익한 과학책을 만들고자 노력하고 있습니다.

열린 발상으로 세계를 검색하다

구글

수잔 E. 하멘 지음

최윤희 옮김

과학동아북스

차례

01

보잘것없는 시작

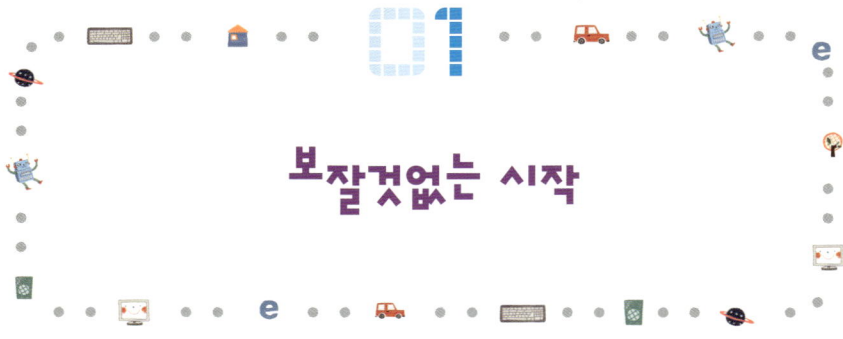

1997년 스탠퍼드대학교에 다니던 두 젊은이는 자신들이 특별하고도 굉장한 뭔가를 이루어 내고 있음을 깨달았다. 두 사람이 참여한 프로젝트는 장래성이 밝아 보였다. 만약 성공할 경우 인터넷에서 정보를 검색하는 방식에 엄청난 변화를 가져오고 어쩌면 인터넷 자체를 크게 변화시킬 수도 있는 프로젝트였다.

컴퓨터공학과 대학원생이었던 세르게이 브린과 래리 페이지는 수학과 공학에 뛰어난 소질을 보이는 젊고 우수한 인재들이었다. 두 사람의 두뇌는 결코 멈추는 법이 없어 보였다. 박사 과정을 거치

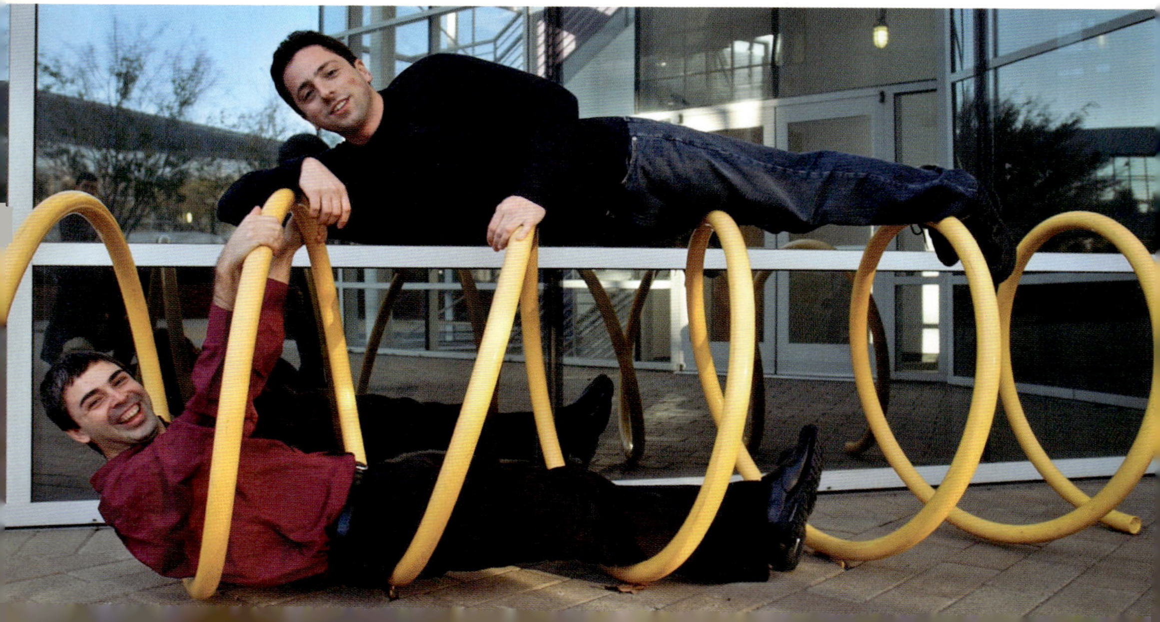

는 동안 두 사람의 관심은 사이버 공간 내에서 더 빠르고, 더 쉽고, 더 적절하게 정보를 찾는 방법을 만드는 쪽으로 옮겨 갔다.

1996년 세르게이와 래리는 스탠퍼드대학교 디지털 도서관 개발을 위해 진행된 연구 프로젝트에 합류했다. 두 사람이 참여한 프로젝트는 통합된 온라인 정보 도서관에 사용될 기술을 개발하는 일과 관련이 있었다. 그 연구는 정보화 시대의 가장 중요한 돌파구 중하나를 탄생시키는 기폭제*가 되었다.

인터넷 검색

1990년대만 해도 인터넷은 사람들에게 상당히 낯선 기술이었다. 가능성이 가득한 세계가 사람들 앞에 활짝 열려 있었지만 정작 인터넷에서 정보를 찾기는 쉽지 않았다. 사람들은 웹 페이지의 정확한 URLUniform Resource Locator, 인터넷 주소을 알고 있어야 했다. URL을 모르는 경우 검색한다 해도 자료의 위치를 찾는다는 보장이 없었다. 1995년 8월 당시 인터넷에는 1만 8000개가 넘는 웹 사이트가 존재했고 날마다 그 숫자가 늘어났다. 2006년이 되면 웹 사이트 수

기폭제 큰일이 일어나는 데 계기가 된 일

‹‹‹‹ 대학원 시절 서로에게 든든한 동
반자가 되었던 세르게이 브린(위
쪽)과 래리 페이지는 결국 구글을
탄생시켰다.

는 1억 개라는 경이로운 숫자에 다다르게 될 터였다. 해마다 평균
적으로 900만 개가 넘는 웹 사이트가 만들어졌다. 이러한 인터넷
환경 속에서 필요한 정보를 찾기 위해 웹 콘텐츠를 일일이 뒤지려
면 엄청난 시간이 드는 데다 몹시 힘들기도 했다. 세르게이와 래리
는 인터넷에 무수한 정보들이 어마어마하게 많이 저장되어 있다는
사실을 알고 있었다. 그리고 사람들이 쉽게 찾지 못한다면 정보란

월드 와이드 웹(www)

인터넷과 월드 와이드 웹이라는 용어는 종종 하나로 사용된다. 하지만 사실 두
용어는 똑같은 말이 아니다. 인터넷은 컴퓨터를 연결해 주는 전 세계적인 데이터
통신 시스템을 가리킨다. 반면에 월드 와이드 웹은 인터넷에 존재하는 서로 연결
된 문서웹 사이트라는 형태로 나타난다들의 집합을 말한다. 사용자는 인터넷 탐색 프로
그램인 브라우저를 사용해 웹 페이지를 볼 수 있다. 현재 마이크로소프트 사가
만든 인터넷 익스플로러, 미국의 모질라 사가 개발한 파이어폭스, 구글이 탄생시
킨 크롬, 애플이 제공하는 사파리 등 몇 가지 브라우저가 존재한다.
1989년 영국 출신 컴퓨터공학자 팀 버너스 리가 거대한 망으로 컴퓨터 사용자들
이 다양한 종류의 정보를 연결시킬 수 있는 시스템을 제안했다. 벨기에의 컴퓨터
공학자 로베르 카요가 버너스 리와 생각을 같이 했다. 두 사람은 거미줄과 비슷
하게 생긴 자신들만의 시스템을 탄생시키기 위해 인터넷에서 하이퍼텍스트를 사
용하자고 제시했다. 하이퍼텍스트는 특정 자료나 웹 페이지를 연결시킨 문서를
가리킨다. 사용자들은 이 문서들을 선택하기만 하면 새로운 웹 페이지로 이동할
수 있다. 버너스 리는 월드 와이드 웹 상에 존재하는 웹 사이트에 유일한 주소 값
을 부여하는 URL을 개발했다. 사용자는 URL을 직접 알아내거나 검색 기능을 실
행해 특정 웹 사이트를 찾아낼 수 있었다. 버너스 리는 최초의 웹 사이트를 만들
었고, 이곳에는 월드 와이드 웹 프로젝트에 대한 내용이 담겨 있었다. 이 사이트
는 1991년 8월 6일 온라인 상에 처음으로 등장했다.

아무 쓸모가 없는 물건임도 알고 있었다.

초기 검색 엔진은 검색어를 기반으로 사용자가 웹 사이트의 위치를 찾는 데 도움을 주도록 개발되었다. 어떤 사람이 '돌고래'나 '경주용 자동차' 같이 찾고자 하는 대상을 나타내는 단어나 문구를 입력한다. 그러면 웹크롤러, 라이코스, 인포시크, 익사이트 같은 검색 엔진이 입력된

검색어를 사용해 웹 사이트를 검사했다. 초창기 검색 엔진은 검색어가 해당 웹 페이지에 얼마나 많이 등장했는지를 기준으로 결과를 보여 주었다. 당시 존재하던 어떤 검색 엔진도 웹 사이트가 얼마나 좋은 정보를 담고 있는지, 검색어와 사이트에 있는 정보가 서로 얼마나 관련 있는지 등을 기준으로 결과 목록을 작성하지 않았다. 예를 들어 어떤 사람이 '돌고래'라는 검색어를 입력하면 '돌고래'라는 단어가 들어간 웹 페이지 목록을 볼 수는 있었지만, 목록에 나열된 순서대로 웹 페이지를 본다 해도 크게 도움이 되지는 않았다. 웹 페이지에 '돌고래'라는 단어가 다른 페이지보다 더 많이 등장한다고 해서 더 나은 정보를 제공한다는 뜻은 아니기 때문이었

다. 세르게이와 래리가 알고 있었듯이 검색어의 등장 횟수를 바탕으로 만들어진 결과는 효과적이지 못했다.

웹 사이트에 존재하는 링크에 관심을 갖게 되면서 래리는 링크가 검색 기능에 어떤 새로운 접근법을 제시해 주지 않을까 생각했다. 링크는 웹 사이트들을 연결해 주는 역할을 한다. 웹 사이트를 방문한 사람은 강조된 단어나 문구를 클릭해 다른 웹 사이트로 이동한다. 일반적으로 웹 사이트 제작자는 사이트 방문자에게 도움이 되리라 생각되는 다른 웹 사이트와의 링크를 제공한다.

웹 사이트와 연결된 페이지를 '백링크'라고 부른다. 하지만 백링크된 페이지로 이동하는 링크가 모든 웹 사이트에 반드시 존재하는 것은 아니다. 대학원생이었던 래리는 출간된 학술지에 등장하는 인용구와 링크가 비슷한 역할을 한다고 믿었다. 과학자들은 연구를 하거나 논문을 쓸 때 자신의 생각을 뒷받침하는 다른 논문을 인용하거나 참조한다. 인용은 연구자들이 자신의 연구를 인정받는 방법이기도 하다. 연구자는 다른 사람들의 연구 결과물을 인용

함으로써 그들이 한 작업이 유용하거나 중요하다고 간접적으로 밝힌다.

래리는 이렇게 말했다. "인용은 매우 중요한 도구입니다. 역대 노벨상 수상자들은 1만 개가 넘는 논문을 인용했다고 알려져 있지요." 래리는 과학 서적이나 문헌에서 인용을 많이 했다는 말은 "어떤 사람이 중요한 작업을 했고, 그렇기 때문에 다른 사람들이 이 작업을 언급할 가치가 있다고 생각한다"는 뜻이라고 설명했다. 래리는 인터넷에 존재하는 링크에 대해서도 같은 논리를 적용할 수 있지 않을까 생각했다. 래리는 링크를 가장 많이 보유한 인터넷 사이트가 적게 보유한 사이트보다 더 중요하다고 여기고 이 가설을 적용시켰다. 또한 사이트와 연결된 백링크를 많이 보유한 백링크 역시 그렇지 못한 백링크보다 더 많은 방문을 받으리라 생각했다. 만약 웹 사이트에 있는 백링크를 따라갈 수 있다면 웹 사이트마다 가치를 부여할 수 있을 터였다.

서로에게 든든한 동반자가 되다

대학원 지도 교수였던 테리 위노그라드 교수의 격려에 힘입어 래리는 그동안 자신이 생각하던 아이디어를 박사 학위 논문의 주제로

"구글 검색 엔진은 세르게이와 래리가 마주 앉아 '기막힌 차세대 검색 엔진을 만들어 보는 게 어떨까?'라고 얘기하다가 그 자리에서 뚝딱 만들어 낸 물건이 아닙니다. 두 사람은 흥미를 끄는 문제를 해결하기 위해 노력을 아끼지 않았고, 그러는 와중에 우연히 멋진 아이디어 몇 가지를 발견했습니다."

라지브 모트와니
스탠퍼드대학교 컴퓨터공학과 교수

결정했다. 이때 같은 지도 교수 밑에서 공부하던 학생이자 친구인 세르게이 브린이 래리가 진행하는 박사 학위 논문용 프로젝트에 합류했다. 1996년 1월 두 사람은 프로젝트 주제로 선택한 아이디어에 대해 연구를 시작했다. 래리는 자신의 연구를 지도하는 사람들 중 한 명에게 말했다. 자신이 연구를 진행하려면 웹 사이트에 저장된 데이터를 분석해야 하는데 아마도 월드 와이드 웹 전체를 자신의 데스크톱 컴퓨터로 다운로드 해야 될 것 같다고 말이다. 같이 공부하던 학생들은 래리의 아이디어가 터무니없다고 생각했다.

래리는 세르게이의 도움을 받아 인터넷에 있는 백링크를 뒤쫓는 검색 엔진을 개발했다. 이는 '백러브BackRub'라고 이름 붙여졌다. 두 젊은이에게는 백링크를 분석하고 문서의 중요도에 따라 분류할 수 있는 공식 즉, 알고리즘*이 필요했다. 세르게이가 5억 개가 넘는 변수로 구성된 알고리즘을 탄생시켰다. 그리고는 자신들이 만든 알고리즘을 래리 페이지의 성을 따서 '페이지랭크'라고 불렀다.

이제 두 젊은이에게는 웹 사이트를 복사하고 항목별로 분류해

알고리즘 어떤 문제를 해결하기 위한 절차나 방법, 주로 컴퓨터 용어로 쓰인다.

색인을 만드는 작업이 남아 있었다. 이 작업을 하려면 엄청나게 많은 컴퓨터를 밤낮으로 실행시켜야 했다. 두 사람은 장비를 제대로 갖추기만 한다면 사람들이 인터넷에서 정보를 검색하는 방식을 획기적으로 뒤바꿔 놓을 수 있으리라고 확신했다. 개발된 검색 엔진을 스탠퍼드대학교 안에서 누구나 사용할 수 있도록 할 경우, 세르게이와 래리는 새 검색 엔진이 얼마나 훌륭한지 입증할 수 있을 터였다.

두 사람은 페이지랭크를 실행시키기 위해 고철 더미를 뒤져 쓸 만한 컴퓨터들을 찾아냈다. 얼마 지나지 않아 두 사람이 사용하던 스탠퍼드대학교 연구실로는 감당하지 못할 만큼 프로젝트가 커졌다. 프로젝트가 올바른 방향으로 나아간다고 굳게 믿었지만 자신들이 얼마나 대단한 일을 하고 있는지 세르게이와 래리 본인들도 미처 알지 못했다.

유명한 알고리즘 몇 가지

오늘날 구글을 탄생시킨 '페이지랭크'는 인류가 지금까지 개발한 가장 유명한 알고리즘 가운데 하나가 되었다. 페이지랭크 외에도 전 세계 사람들의 일상을 바꾼 몇 가지 알고리즘이 있다. 암호화 알고리즘은 지정된 상대방의 전화기에 내용이 전달될 때까지 아무도 중간에서 문자 메시지를 보지 못하게 할 때 사용된다. 또한 온라인 상에서 주고받는 의료 정보와 금융 정보 같은 중요한 개인 정보를 보호할 때도 사용된다.

또 다른 유명한 알고리즘으로는 CD에 녹음된 음악을 음질은 그대로 유지한 채 크기만을 줄여 컴퓨터 파일 형태로 변환시키는 MP3 알고리즘이 있다. 음악을 사랑하는 사람들은 이제 커다란 공간을 차지하던 자신의 음악 창고를 MP3 플레이어 크기만 하게 줄일 수 있게 되었다.

래리 페이지는 인터넷을 검색하기 위한 새로운 방법을 만들기 위해 링크와 백링크를 연구했다.

02

세르게이 브린

세르게이 미하일로비치 브린은 러시아가 아직 소비에트 연방의 일부분이었던 1973년 8월 21일 러시아 모스크바에서 태어났다. 어린 시절 세르게이는 마음대로 움직이기조차 힘들 만큼 비좁은 아파트에서 부모님과 할머니와 함께 살았다. 당시 세르게이가 놀 수 있는 공간이라고는 오로지 손바닥만 한 안마당뿐이었다. 유대

세르게이 브린은 여섯 살 때 러시아에서
미국으로 이민을 왔다.

소비에트 연방

소비에트 연방은 1922년에서 1991년 까지 존재했던 국가이다. 당시 소비에트 연방이 차지한 영토는 연방이 해체된 후 러시아와 우크라이나 그리고 다른 여러 동유럽 국가와 중앙아시아 국가로 바뀐 지역을 모두 포함한다. 소비에트 연방은 공산당이 지배하는 국가였다. 공산주의가 지향하는 이념은 국가가 경제를 통제하는 것이었다. 공산당 지도부는 경제 활동은 물론 교육, 학교생활, 언론 등 사람들이 살면서 부딪치는 대부분을 통제했다. 많은 사람들이 간신히 살아갈 수 있을 만큼 비좁은 집에서 가난하게 살았고 기본 생필품조차 제대로 공급되지 않는 고통을 겪었다. 사람들은 정부 정책에 반대하는 어떤 말도 내뱉을 수 없었다. 그리고 유대인을 비롯한 많은 사람들이 자신의 종교적 믿음을 실천하지 못해 좌절을 겪었다.

인이었던 탓에 브린의 가족은 생활환경 외에도 다른 여러 가지 문제에 부딪혀야 했다.

당시 소비에트 연방에 살던 유대인들은 반유대주의 혹은 유대인을 향한 차별과 증오에 시달렸다. 소비에트 연방 정부는 유대인 학생들이 공부할 수 있는 분야를 제한하는 정책을 폈다. 세르게이의 아버지인 미하일은 어렸을 적 천문학자를 꿈꾸었다. 하지만 소비에트 공산당 지도부는 유대인이 물리학을 공부하지 못하도록 선을 그었다. 천문학은 물리학의 한 분야였기 때문에 미하일 브린은 별을 공부하고자 했던 자신의 꿈을 어쩔 수 없이 접어야 했다.

여러 가지 어려움에도 불구하고 미하일은 모스크바국립대학교에 진학해 수학을 공부했다. 미하일은 우수한 성적으로 대학을 졸업하였고 대학원에 진학해 공부를 계속하고자 했으나 포기해야 했다. 그는 당시 상황을 이렇게 설명했다. "어느 누구도 제가 대학원에 진학하리라는 생각은 하지 않았습니다. 저는 유대인이었으니까요. 그때는 그게 정상적인 일이었습니다." 미하일은 낮에는 경제 전문가로 일하면서 밤에는 대학에서 열리는 세미나에 몰래 참석해

모든 걸 잃을 각오를 하다

1978년 세르게이의 부모가 미국으로의 이주 허가를 받기 위해 이민 신청을 했을 때 세르게이의 아버지 미하일은 직장에서 해고를 당했다. 세르게이의 어머니도 견디지 못하고 직장을 그만두어야 했다. 그 후 몇 달 동안 세르게이의 가족은 아버지 미하일이 영어로 된 기술 문서를 러시아어로 번역해서 버는 돈에 의존해 힘겹게 살아야 했다. 소비에트 연방 정부가 마침내 이민 신청을 통과시키자 세르게이 가족은 자신들이 가지고 있던 물건과 재산 대부분을 그대로 남겨 둔 채 미국으로 떠나야 했다. 세르게이 가족은 소비에트 연방 정부가 일시적으로 이민을 금지하기 직전 러시아를 떠난 마지막 유대인 일행 가운데 한 무리였다.

수학 공부를 계속했다. 그러는 동안 미하일은 연구 논문을 몇 편 썼고 그중 대다수가 학술지에 실렸다. 미하일은 박사 학위 논문을 준비하기 시작했다. 미하일을 지도하던 사람들이 미하일이 쓴 논문을 받아 줄 대학교를 찾도록 도와주었다. 마침내 미하일은 우크라이나 동부 도시 하리코프에 있는 한 대학교에서 박사 학위를 받

을 수 있었다. 박사 학위를 받은 덕분에 미하일이 받던 월급이 조금이나마 오르게 되었다.

세르게이의 어머니 유제니아도 모스크바국립대학교를 졸업했다. 유제니아는 수학 및 기계학을 공부해 학사 학위를 받았고, 소비에트 석유 및 천연가스 협회 소속 도서관에서 일했다. 세르게이의 부모 모두 상당히 좋은 직장에 다녔던 덕분에 세르게이 가족은 당시 모스크바에 살던 다른 많은 사람들보다 조금 더 나은 생활 수준을 누릴 수 있었다. 그러나 미하일은 소비에트 사회에 널리 퍼진 반유대주의로 가족들이 계속해서 고통 받고 아들인 세르게이 역시 자신처럼 배움의 기회가 제한될 것이라는 사실을 잘 알고 있었다.

더 나은 삶이 펼쳐지다

미하일은 폴란드의 수도 바르샤바에서 열린 수학 학회에 참석한 뒤 집으로 돌아와 아내와 어머니에게 이렇게 말했다. "여기서는 더 이상 못 살겠어요." 학회에 참석하는 동안 미하일은 미국, 프랑스, 독일, 영국에서 온 수학자들과 만났다. 미하일은 소비에트 공화국 연방이 아닌 다른 곳에 사는 사람들이 어떻게 생활하는지 아주 조금이나마 엿볼 수 있었다. 미하일은 서유럽이나 미국으로 간다면

가족들이 지금보다 훨씬 더 나은 삶을 살 수 있으리라 확신했다.

1979년 세르게이가 여섯 살이 되었을 때 마침내 세르게이의 부모는 미국으로 이주하기로 결심했다. 10월 25일 브린 가족은 뉴욕에 도착했다. 미하일과 유제니아, 어린 세르게이 그리고 미하일의 어머니 모두 4명이었다. 뉴욕에 있는 유대인 공동체가 도와준 덕분에 브린 가족은 미국의 수도 워싱턴과 가까운 메릴랜드 주에 집을 구했고, 미하일은 메릴랜드대학교에서 교수로 일하게 되었다. 1988년 메릴랜드에서 세르게이의 남동생 샘이 태어났다.

학생이 된 세르게이

세르게이는 다른 유대인 어린이들과 함께 유대계 학교인 기쉬칸 토라 헤브루 학교에 다녔다. 하지만 세르게이는 자신이 다니는 학교를 별로 좋아하지 않았다. 세르게이는 영어를 배우느라 쩔쩔맸고 러시아식 강한 억양이 섞인 말투를 쓰는 수줍음 많은 소년이었다. 학교 친구들은 세르게이를 놀리고 괴롭혔다. 그렇게 몇 년을 참고 버티다가 세르게이는 다른 학교에 다니게 해 달라고 부모님에게 사정했다. 결국 세르게이는 메릴랜드 주 아델피에 있는 페인트 브랜치 몬테소리 학교로 전학했다. 그 학교는 관심이 생기는 주제라면 뭐든지 해 보고 배울 수 있는 환경을 학생들에게 제공해 주었다. 세르게이는 퍼즐, 지도, 수학과 관련된 게임을 하며 시간 대부분을 보냈다. 무엇을 할지 자신이 직접 선택하는 자유를 누리게 되자 세르게이의 창의력은 점점 자라났다. 나중에 세르게이는 이렇게 말했다. "저는 제 자신만의 속도에 맞춰 자랄 수 있었습니다." 페인트 브랜치 몬테소리 학교는 상상력을 자극하는 대상에 호기심을 갖고 그것을 해결하는 과정에서 뭔가 배울 수 있음을 깨닫게 해 주었다. 게다가 새로운 학교에서는 세르게이를 괴롭히는 친구도 없었다.

천재 소년

세르게이의 부모는 학교에서 좋은 성적을 거두는 것이 매우 중요한 일임을 늘 강조했다. 세르게이와 남동생 샘은 자신들이 다른 사람보다 더 뛰어날 뿐만 아니라 박사 학위까지 받을 수 있기를 부모님이 얼마나 기대하는지 잘 알고 있었다. 세르게이가 아홉 살이 되었을 때 아버지는 코모도어 64*를 선물했다. 컴퓨터로 인해 과학적

코모도어 64 1982년 코모도어 인터내셔널이 출시한 8비트 가정용 컴퓨터로 64KB 내장 메모리를 탑재했다.

세르게이가 아홉 살이 되었을 때 자신의 첫 번째 컴퓨터인 코모도어 64를 선물로 받았다.

이고 수학적인 세르게이의 두뇌가 더욱 불타올랐다. 몇 년이 지나
자 세르게이를 가르치던 선생님은 그가 수학적 재능을 타고난 영
재임을 깨달았다.

세르게이는 월반하여 메릴랜드 주 그린벨트에 있는 엘리너 루스
벨트 고등학교에 다녔다. 그리고 단 3년 만에 고등학생이 받아야
할 모든 학점은 물론 대학생이 한 해 동안 이수한 것과 맞먹는 학
점을 받고 고등학교를 졸업했다. 세르게이는 수줍음 많은 어린 소
년에서 자기 의견을 거리낌 없이 드러내는 자신만만한 젊은이로
변했다. 선생님이 틀렸다고 생각되는 순간 망설이지 않고 자기 의

견을 표현할 정도로 가끔은 자만심이 넘치기까지 했다. 세르게이는 학교에서 선생님에게 배우는 것보다 집에서 부모님에게 배우는 것이 훨씬 더 낫다는 생각을 자주 하곤 했다.

스탠퍼드대학교

스탠퍼드대학교는 종합 컴퓨터 회사인 휴렛팩커드 사와 컴퓨터 서버 업체이자 컴퓨터 언어 자바를 탄생시킨 선 마이크로시스템즈 사, 1990년대를 대표했던 인터넷 기업 야후, 네트워크 및 통신 장비 제조업체 시스코 시스템즈 및 구글 같은 새로운 IT 시대를 개척한 컴퓨터 회사들이 탄생한 곳으로 유명한 학교이다. 오늘날 스탠퍼드대학교에 다닌다는 말은 과학 기술 분야에서 매우 뛰어나다는 말과 똑같은 뜻으로 받아들여지게 되었다.

1876년 캘리포니아 주 전 주지사이자 대륙 횡단 열차 사업에 투자해 큰돈을 번 릴런드 스탠퍼드는 샌프란시스코 남부에 있는 땅 263헥타르_{여의도 전체 면적과 비}슷한 넓이를 구입했다. 얼마 후 주변에 있는 땅을 더 사들이면서 릴런드가 보유한 땅은 총 3238헥타르_{여의도 전체 면적의 약 12배로 980만 명에게 한 평씩 나눠 줄 수 있는 넓}이에 이르렀고 곧이어 이곳에 작은 도시가 하나 세워졌다. '팔로 알토'라고 불린 이 도시는 스페인어로 '키 큰 나무'를 뜻했다. 또한 '엘 팔로 알토El Palo Alto'라는 이 지역의 거대한 미국 삼나무에서 따온 이름이기도 했다. 수명이 약 1070년에 달하는 이 거대한 미국 삼나무는 아직도 그 자리에 남아 있으며 스탠퍼드대학교를 나타내는 상징이기도 하다.

릴런드 스탠퍼드와 그의 아내 제인에게는 릴런드 주니어라는 열다섯 살에 죽은 아들이 하나 있었다. 아들을 잃은 슬픔에 괴로워하던 스탠퍼드 부부는 아들을 추모하기 위해 지금의 스탠퍼드대학교인 릴런드스탠퍼드주니어대학교를 설립했다. 스탠퍼드 부부는 남학생은 물론 여학생도 공부할 수 있는 남녀공학 대학교를 세우자고 마음먹었다. 스탠퍼드대학교 개교 당시 개설된 학과는 열다섯 개였고 학생 수는 559명이었다. 처음 입학한 학생 중에는 나중에 미국의 제31대 대통령이 된 허버트 후버도 있었다. 2009년에서 2010년 사이에 스탠퍼드대학교에 재학 중인 대학생은 대략 6600명이었고 대학원생은 1만 1800명을 기록했다.

세르게이는 열다섯 살이 되던 해부터 메릴랜드대학교에서 수학 과정 수업을 받기 시작했고, 곧이어 수학은 물론 컴퓨터공학도 함께 전공하게 되었다. 세르게이는 대학 수업이라고 해서 고등학교 수업보다 특별히 더 어렵다고 생각하지 않았고 3년 만에 모든 과정을 마쳤다. 세르게이는 열아홉 살이었던 1993년 우수한 성적으로 대학교를 졸업했다.

학부 과정을 모두 마쳤을 때 세르게이는 미국 국립과학재단에서 수여하는 권위 있는 장학금을 받고 캘리포니아 주에 있는 스탠퍼드대학교에 진학한다는 생각에 들떴다. 아름답기로 소문난 캠퍼스와 따뜻하고 온화한 캘리포니아 주의 날씨는 물론이고, 최첨단 기업들로 나날이 번창하는 실리콘 밸리와 학교가 몹시 가깝다는 사실에 무척 기뻐했다. 세르게이는 스탠퍼드대학교에서 박사 과정을 거치기로 한 자신의 선택이 매우 현명한 결정이라고 자신했다. 그러나 그 같은 결정이 자신의 인생에 어떤 영향을 미치게 될지는 전혀 알지 못했다.

세르게이는 열아홉 살에 칼리지 파크에 있는 메릴랜드대학교를 졸업했다.

03

래리 페이지

로렌스 에드워드 페이지래리 페이지의 본명는 1973년 3월 26일 미국 미시간 주 이스트 랜싱에서 칼 빅터 페이지와 글로리아 페이지의 둘째 아들로 태어났다. 나중에 동업자가 된 세르게이와 마찬가지로 래리 역시 학업에 커다란 가치를 부여하는 부모님 아래에서 자랐다. 래리의 아버지는 컴퓨터공학 분야에서 처음으로 박사 학위

래리 페이지는 어린 시절부터 지금까지 줄곧 첨단 기술과 컴퓨터에 관심을 쏟았다.

를 받은 사람들 가운데 1명이자 미시간주립대학교에서 컴퓨터공학을 가르치는 교수였다. 래리의 어머니도 아버지와 함께 미시간주립대학교에서 컴퓨터 프로그래밍 과정을 가르쳤다. 커 가는 동안 래리는 컴퓨터와 기술 공학 분야에 뛰어난 소질을 보였다.

어렸을 때부터 컴퓨터와 사귀다

가정용 컴퓨터가 있는 집을 거의 찾아보기 힘들었던 시절에 페이지 가족은 특이할 정도로 컴퓨터 기술과 많이 접한 사람들이었다. 래리는 자신의 가족과 컴퓨터가 어떤 관계를 맺고 있는지 이렇게 설명했다.

> 아버지는 컴퓨터공학과 교수셨습니다. 그래서 저희 집에는 정말 일찍부터 컴퓨터가 있었지요. 우리 가족이 집에서 쓰려고 처음으로 산 컴퓨터는 1978년_{당시 래리의 나이는 다섯 살이었다}에 출시된 '엑시디 소서러*'였습니다. 엑시디 소서러는 유럽에서는 인기를 끌었지만 미국에서는 한 번도 성공

엑시디 소서러 비디오 게임 회사인 엑시디가 만든 초기 가정용 8비트 컴퓨터 모델로 4KB에서 48KB까지 다양한 크기의 내장 메모리를 갖췄다.

을 거둔 적이 없었습니다. 저희 집에 있는 엑시디 소서러는 32KB짜리 내장 메모리가 들어 있는 모델이었습니다. 제 형이 직접 컴퓨터에 운영 체제os를 설치해야 했지요.

래리의 하나밖에 없는 형인 칼 주니어 페이지는 래리보다 아홉 살이 많았다. 칼 주니어는 어린 래리에게 컴퓨터와 전자공학을 가르치는 데 있어 핵심적인 역할을 한 사람이었다. 미시간주립대학교 학생이었던 칼 주니어는 당시 초등학교에 다니던 래리가 해결하려고 애를 썼던, 대학생 수준의 전자공학 관련 과제를 집으로 들고 온 장본인이었다. 칼 주니어는 어린 동생인 래리에게 어떻게 사물을 분해하고 다시 조립해야 하는지를 가르치기도 했다. 래리는 집에 있는 온갖 기계 장치를 하나하나 분해했다가 다시 원래대로 조립하는 과정을 거듭하면서 사물이 어떻게 동작하는지 배우는 일에 점점 더 큰 흥미를 갖게 되었다. 대학교에 진학했을 때 래리는 그동안 기계를 다루며 갈고닦

사업가 가족

래리의 형은 래리에게 집에 있는 전자 제품을 분해하고 조립하는 방법 말고도 많은 것을 가르쳤다. 칼 주니어는 페이지 가족에게서 나온 첫 번째 사업가였다. 대학교를 졸업한 뒤 칼 주니어는 '이그룹스'라는 이메일 관리 회사를 공동으로 창업했다. 이그룹스는 결국 2000년 야후에게 4억 3200만 달러에 팔렸다.

![사진]

래리 페이지는 어린 시절부터 지금까지 줄곧 첨단 기술과 컴퓨터에 관심을 쏟았다.

았던 자신의 손재주를 이용해 레고 장난감 블록으로 잉크젯 프린터를 만들었다.

래리는 자신을 가르치는 선생님들에게 종종 깊은 인상을 남긴 뛰어난 학생이었다. 초등학교에 다닐 때 래리는 과제물을 손으로 쓰는 대신 컴퓨터로 작성하고 프린터로 출력해 제출한 첫 번째 학생으로 기억된다. 칼 주니어는 자신이 래리의 재능을 알아보았을 때를 떠올리며 이렇게 말했다. "래리의 어린 시절 가운데 기억나는 사건이 몇 가지 있습니다. 그 가운데 하나는 래리가 『개구리와 두꺼비가 함께』라는 책을 컴퓨터에다 한 글자씩 입력한 일이었지요. 그때 래리의 나이가 여섯 살이었습니다."

래리의 아버지는 다른 사람과 토론하는 능력을 자연스럽게 길러 주었다. 래리와 아버지는 기술과 관련된 주제를 가지고 활발하게 논쟁을 하며 시간을 보냈다. 또한 록 밴드의 콘서트에 함께 가기도 했다.

대학 시절

래리는 이스트 랜싱 고등학교를 졸업하고 앤아버에 있는 미시간대학교 컴퓨터공학과에 입학했다. 래리가 학교 수업 말고도 열성을 쏟았던 일 중에는 미국 전기공학 및 컴퓨터공학 분야 우등생들의 모임인 '에타 카파 누' 활동이 있었다.

또한 래리는 미시간대학교 태양열 자동차 팀에서 활약하기도 했는데 이 팀은 에너지 효율을 높인 자동차의 초기 사례로 손꼽히는 '1993 메이즈 앤 블루'를 제작한 팀이다. '메이즈 앤 블루'는 미국 대학생들이 모여 개최하는 '선레이스 93' 대회에서 1위에 올랐고, 같은 해 오스트레일리아에서 열린 '1993 월드 솔라 챌린지' 대회에서 11위를 차지했다. 대체 에너지를 이용한 자동차는 그 후 몇 년 동안 래리의 관심을 끌었다.

래리는 미시간대학교를 우수한 성적으로 졸업한 뒤 컴퓨터공학

래리에게 영향을 미친 사람

열두 살 때 래리는 근대 전기 공학의 아버지라고 불리는 세르비아계 과학자 니콜라 테슬라에 대한 전기를 읽었다. 1856년 태어난 테슬라는 교류 전기를 이용한 전력 시스템과 라디오를 발명했다. 테슬라가 고안한 아이디어는 원격 제어 장치리모트컨트롤와 레이더 장치의 밑거름이 되었다. 테슬라는 스물여덟 살에 미국으로 이주했고, 1800년대 후반에서 1900년대 초반까지 활동한 가장 위대한 과학자이자 발명가 가운데 한 사람이 되었다. 테슬라의 발명품은 테슬라가 미국으로 건너왔을 때 처음으로 그를 고용했던 토머스 에디슨의 발명품과 맞먹을 정도로 뛰어났다. 하지만 테슬라는 자신이 발명한 아이디어를 적용해 실용적인 장치를 만드는 데에는 많은 어려움을 겪었다. 테슬라의 괴팍한 행동 때문에 많은 사람들이 테슬라를 미친 과학자라고 생각했다. 결국 테슬라는 뉴욕 시에 있는 한 호텔에서 동전 한 푼 없이 외롭게 죽었다.

래리는 테슬라가 이룬 업적에 대해서는 깊은 감명을 받았다. 하지만 테슬라의 인생은 자신이 발명한 아이디어를 현실적으로 적용하지 못한 실패한 사례라고 생각했다. 래리는 이렇게 적었다.

> 난 테슬라처럼 되고 싶지 않아. 테슬라는 가장 위대한 발명가 중 한 사람이지만 그의 인생은 너무 슬프거든. 테슬라는 어떤 발명도 상품으로 만들어 팔지 못했고 연구를 계속하라고 물질적 지원을 받은 적도 거의 없어. 난 에디슨처럼 되는 편이 더 좋아. 내가 발명한 물건이 꼭 누군가를 도와야 할 필요는 없어. 뭔가 발명했으면 실제로 세상에 내놓아야 해. 발명한 아이디어로 제품을 만들어서 돈을 벌면 다시 발명하는 데 투자할 수 있어.

과정을 집중적으로 공부했다. 래리는 태어나서 한 번도 미시간 주를 떠나 살아본 적이 없었지만 캘리포니아 주에 있는 스탠퍼드대학교에서 대학원 과정을 보내기로 결정했다. 래리는 집에서 굉장히 멀리 떨어진 곳으로 떠나게 되자 조금 걱정이 되었다. "처음에는 몹시 두려웠습니다. 가자마자 버스를 타고 되돌아올지도 모른다고 친구들에게 계속해서 투덜댔지요. 하지만 그런 일은 일어나지 않았습니다."

우연한 만남

1995년 봄 래리는 스탠퍼드대학교를 방문하기 위해 캘리포니아 주로 향했다.

"저는 끊임없이 생각하는 아이였습니다. 제가 살던 집에는 여기저기 잡지가 널려 있었지요. 난장판이 따로 없었습니다. 언제든지 손만 뻗으면 뭔가 읽을 수 있었고, 저는 보통 과학 잡지인 《파퓰러 사이언스》나 그 비슷한 책들을 읽었습니다. 제 생각에 저는 기술 공학과 기계가 어떤 식으로 동작하는지에 관심이 많았던 것 같습니다. 제 형이 저에게 사물을 분해하는 방식을 가르쳤고 저는 집에 있는 물건이란 물건은 몽땅 분해했습니다. 그러다 보니 그런 쪽에 관심이 생겼고, 이유야 어찌 됐든 어떤 물건을 만들 수 있는지 그리고 그 물건과 비슷한 다른 모든 물건이 어떻게 만들어지는지에 대해 많은 생각을 했습니다. 저는 …… 아주 어릴 적에 전기로 움직이는 작은 경주용 자동차를 만들었습니다."

래리 페이지

래리가 캠퍼스를 둘러볼 때 안내를 했던 사람은 바로 스탠퍼드대학교에서 2년째 대학원 생활을 하던 세르게이 브린이었다. 두 사람은 다양한 주제를 놓고 토론하기 시작했고 이틀 내내 교육과정 전반에 대해 논쟁을 벌였다. 두 사람 모두 서로를 대단히 뛰어난 토론 상대자이자 자기 의견만 내세우는 거만하고 불쾌한 사람이라고 생각했다.

래리가 조용하고 부끄러움을 많이 타는 반면 세르게이는 활발한 편이었다. 하지만 두 사람은 순간적으로 연결 고리 하나를 발견했다. 토론을 하는 동안 두 사람은 똑같이 컴퓨터와 수학에 사로잡혀 있을 뿐만 아니라 관심사도 많이 비슷하다는 사실을 깨달았다. 둘 다 조금은 별난 사람들이었고 빈둥거리기도 좋아했다. 가을 학기에 래리가 학교생활을 시작하자 두 사람은 함께 어울리기 시작했다. 이때 쌓은 우정이 누구도 예측하지 못한 동반자 관계를 이끌어 냈다.

래리는 캘리포니아 주에 있는 스탠퍼드대학교 대학원에 진학했고 그곳에서 세르게이를 만났다.

04

아이디어가 현실로 변하다

세르게이와 래리가 스탠퍼드대학교에서 처음 만났을 때 세르게이는 그곳에서 2년째 대학원 생활을 하고 있었다. 세르게이는 박사과정을 마치기 위해 반드시 거쳐야 하는 시험 열 가지를 A학점으로 단번에 통과해 자신이 수학 천재임을 보여 주었다. 많은 학생들이 보통 세 번은 시도해야 그 시험을 통과할 수 있었다. 이 말은 세르게이가 사실상 어떤 수업도 들을 필요가 없다는 뜻이었다. 세르게

이는 박사 학위를 받기 위해 논문만 작성하면 되는 상황이었다.

대학 생활

수업이 너무나도 쉽게 여겨졌기 때문에 세르게이는 사교 활동은
물론 체조나 수영, 스키, 롤러블레이드, 심지어 공중그네 타는 법을
배우는 일까지 자신이 좋아하는 다른 소일거리에 시간을 쏟아부을
수 있었다. 한번은 아버지가 그에게 다른 고급 과정을 듣고 있냐고
물은 적이 있었다. 그때 세르게이는 이렇게 대답했다. "그럼요. 수
영 고급반을 듣고 있지요."

필수 과정을 마치기 위해 필요한 모든 시험을 통과한 덕분에 세
르게이는 컴퓨터와 수학 그리고 다른 학문적 주제를 향한 자신만
의 길을 찬찬히 탐험할 기회를 얻을 수 있었다. 세르게이는 같은
학과 학생 및 교수들과 함께 분자생물학, 저작권 침해 자동 감지
프로그램, 개인 영화 평가 시스템에 이르기까지 여러 가지 다양한
주제의 프로젝트를 진행했다. 그를 지도하던 사람 중 한 명은 세
르게이에 대해 이렇게 말했다. "세르게이는 무척 자신만만한 젊은
이였습니다. 게다가 대단히 똑똑했지요. 온몸에서 그런 분위기가
풍겨 나왔습니다."

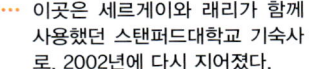
◀···· 이곳은 세르게이와 래리가 함께
사용했던 스탠퍼드대학교 기숙사
로, 2002년에 다시 지어졌다.

세르게이가 아무 근심 걱정 없이 스탠퍼드대학교에서의 시간을 즐기는 동안, 래리는 유용하면서도 돈벌이가 될 만한 뭔가를 발명하기로 마음먹었다. 스탠퍼드대학교에 도착하자마자 래리는 자신의 꿈을 실현시키기 위한 준비 작업에 들어갔다. 래리는 인터넷 링크에 관해 연구하기 시작했고 자신의 프로젝트에 함께하도록 세르게이를 설득했다. 두 사람은 두서없이 URL 목록을 보여 주는 현재의 인터넷 검색 엔진에 비해, 중요도에 따라 결과를 순서대로 보여 주는 인터넷 검색 엔진이 얼마나 가치 있는 존재인지 깨달았다.

구걸하고, 빌리고, 혹은 몰래 가져오고

두 사람은 백러브 검색 엔진과 페이지랭크 알고리즘의 밑바탕이 될 과학 기술에 대해 연구를 계속하였다. 그리고 그동안 백링크를 기반으로 하는 검색 엔진이 다른 온라인 검색 방법에 비해 더 효율적이라는 자신들의 이론을 검증하기 위한 기초 작업에도 착수했다. 그러나 그 전에 반드시 극복해야 할 장애물이 하나 있었다. 두 사람에게는 인터넷에 있는 어마어마한 양의 정보를 저장하고 처리할 만한 컴퓨터가 엄청나게 많이 필요했다.

래리와 세르게이는 조금이라도 사용 가능한 컴퓨터를 모두 손에

세르게이와 래리는 프로그램을 실행시키기 위해 컴퓨터를 찾아 헤매야 했다.

넣기 위해 쓰레기 더미를 뒤지고 다녔다. 두 사람은 이따금씩 대학교 내에 배달된 우편물을 보관하는 곳으로 찾아가 주인이 아직 가져가지 않은 장비가 없는지 확인했다. "우리는 그저 주인이 바로 찾아가지 않은 물건이 있다면 그 사람한테는 당분간 그 물건이 필요하지 않겠구나 싶었습니다. 그래서 그동안 잠깐 빌려 쓰려고 했던 것이지요." 세르게이는 이렇게 변명했다.

막대한 정보를 처리할 능력이 생기자 두 사람은 마침내 웹 사이

트를 찾아 인터넷을 샅샅이 뒤질 스파이더*프로그램을 실행시킬 수 있었다. 준비를 마친 두 사람은 가지고 있는 컴퓨터로 웹 사이트를 다운로드 했다. 다운로드 된 웹 사이트는 링크를 기반으로 분석되었다. 이 과정은 두 사람이 처음 예상했던 기간보다 더 오래 걸렸다. 래리는 스파이더 프로그램을 개시하려면 컴퓨터공학과에서 2만 달러에 가까운 돈을 쏟아부어야 할 것이라고 예상했다.

그러나 세르게이와 래리가 자신들의 프로젝트에 온갖 열정을 바치자 컴퓨터공학과 교수와 같은 과 학생들이 조금씩 관심을 보이기 시작했다. 그리고 두 사람이 새로운 시도를 할 때마다 흥분을 감추지 않았다. 두 사람을 지도하고 도와주던 사람들 중에는 장비를 구입하라고 1만 달러를 지원한 사람도 있었다. 두 사람은 중고 부품으로 컴퓨터를 조립해 돈을 아낄 수 있었다.

되는 대로 컴퓨터를 긁어모으다

얼마 지나지 않아 두 사람의 연구실은 컴퓨터로 가득 찼다. 장비를 보관할 공간이 더 필요해지자 래리의 기숙사 방에는 컴퓨터가 차곡

스파이더 자동으로 하이퍼링크를 따라가거나 검색 엔진이 검색을 할 수 있도록 웹 페이지를 순서대로 정렬하는 프로그램

차곡 쌓이기 시작했다. 여기저기서 컴퓨터를 모아들이는 바람에 서로 다른 컴퓨터가 마구 뒤섞였고, 두 사람은 그 상황이 오히려 더 유리하게 작용했음을 깨달았다. 둘은 컴퓨터를 손쉽게 수리했고 검색 엔진이 더 빨리 작동하도록 만들었다. 세르게이와 래리는 소형 컴퓨터 여러 대를 서로 연결시켜 사용하는 편이 대형 컴퓨터 한 대를 사

웹 크롤러

인터넷 검색 엔진은 스파이더 프로그램을 웹 사이트 사이로 내보내는 특별한 소프트웨어를 기반으로 작동한다. 스파이더 혹은 웹 크롤러는 웹 사이트를 조사하고 데이터를 검색해 컴퓨터의 데이터베이스로 가져오는 프로그램을 말한다. 인터넷에서 가져온 데이터는 프로그램에서 정의한 분류 기준에 따라 데이터를 분석하고, 웹 사이트에 대한 색인을 만드는 자동 색인 프로그램 '인덱서'에 전달된다. 일반적으로 웹 크롤러는 색인을 갱신(업데이트)하기 위해 인터넷을 끊임없이 돌아다닌다. 사용자가 검색어를 입력하면 검색 엔진은 색인을 사용해 웹 페이지 사이로 이동할 수 있는 URL을 포함한 결과 목록을 만든다.

하지만 이 방식에는 사용자에게 어떤 정보가 쓸모 있다거나 중요한지를 판단해 목록을 작성하지 않는다는 문제점이 따른다. 그러나 백러브는 페이지랭크를 활용해 검색 기능에 '순위'라는 개념을 도입했다. 5억 개가 넘는 변수와 20억 개가 넘는 조건들로 구성된 페이지랭크 알고리즘은 백링크를 기반으로 웹 페이지의 가치를 계산하고 순위를 결정할 수 있는 길을 열었다. 웹 사이트를 검색하는 몇 분의 1초 동안 알고리즘에 맞춰 계산식이 실행되고, 사용자는 대략 0.5초 만에 순위에 따라 정렬된 결과 목록을 볼 수 있다. 이러한 검색 방법은 검색 엔진이 나타난 이래 처음이었다.

용하는 것보다 더 효율적으로 작동한다는 사실을 발견했다.

래리와 세르게이는 거의 붙어다녔다. 두 사람은 연구실에서 백러브에 대해 신 나게 토론하거나 이런저런 주제로 농담을 주고받으며 대부분의 시간을 함께 보냈다. 그들을 아는 주변 학생들은 두 사람을 '래리와 세르게이'라며 한 사람처럼 부르기 시작했다.

구글이 등장하다

1997년 가을 무렵 두 사람은 그동안 개발해 온 검색 엔진에 '백러브'보다 더 기억하기 쉬운 이름을 붙일 필요가 있다고 결정했다. 세르게이와 래리는 이것저것 생각나는 대로 이름을 붙여 보기 시작했다. 하지만 떠오르는 이름들이 전부 예전에 사용된 적이 있는 것 같았다. 두 사람은 함께 연구실을 사용하던 숀 앤더슨에게 도움을 요청했다. 고민 끝에 새로운 이름을 결정하기까지 잠 못 이루는 나

날이 계속되었다. 그때 상황을 앤더슨은 이렇게 기억한다.

> 래리는 나날이 풀이 죽어 갔습니다. 우리는 또다시 모여 브레인스토밍 과정을 거쳤습니다. 그때 저는 화이트보드 앞에 앉아 있었는데 머릿속에 떠오르는 대로 뱉어 내다가 마지막에 이런 말을 했습니다. "'구글플렉스*'라는 이름 어때? 너희는 지금 웹 사이트를 검색하고 분류해서 사람들한테 인터넷에 있는 어마어마한 정보를 체계적으로 보여 주려고 하잖아. 구글플렉스는 엄청나게 큰 수를 의미하는 말이고." 래리는 제 아이디어를 마음에 들어 했습니다.

래리는 새로운 이름이 괜찮다고 생각했고 '구글플렉스'를 '구글'로 줄이자고 의견을 냈다. 원래 '구골'이라는 단어는 10의 100제곱으로 1 뒤에 0이 100개만큼 붙는 엄청난 숫자를 의미한다. 앤더슨은 이렇게 설명했다.

> 제 워크스테이션**으로 'G-o-o-g-l-e'이라고 입력했는데

구글플렉스 원래는 '구골플렉스'이다.
워크스테이션 주로 과학기술 연산, 공학 설계, 통계 처리, 금융 자료 분석, 컴퓨터 그래픽 등 전문 분야 작업용으로 만든 고성능 개인용 컴퓨터

단어의 철자가 틀렸는데도 사용할 수 있는 이름이라는 메시지가 나왔습니다. 래리는 '구글'이 사용할 수 있는 이름이라고 확인되자 그날 저녁 그대로 등록한 뒤 화이트보드에 썼지요. 'google.com'이라고요. 구글은 '야후*'나 '아마존**'처럼 인터넷의 야생적인 특징을 있는 그대로 표현한 이름으로 들렸습니다.

구골

'구골 googol'이라는 단어는 1938년 아홉 살 소년 밀튼 시로타가 만든 말이다. 밀튼의 삼촌이자 미국의 수학자인 에드워드 케스너는 1940년 제임스 뉴먼과 공동으로 출간한 책 『수학과 상상』에서 이 용어를 처음으로 사용했다.

다음 날 아침 같은 방에 있는 대학원생 중 1명이 연구실로 들어오더니 철자가 틀렸다며 'Googol'이 맞는 철자라고 알려 주었다. 하지만 철자가 맞았든 틀렸든 구글은 탄생되었다.

야후 1990년대 가장 인기 있는 인터넷 검색 및 포털 사이트. 야후는 신 나서 외치는 소리인 'yahoo'를 그대로 사용했다.
아마존 인터넷 종합 쇼핑몰 아마존닷컴은 세계에서 가장 큰 열대 우림 지대 아마존의 이름을 땄다.

스탠퍼드대학교에서 거둔 성공

세르게이와 래리는 지도 교수인 라지브 모트와니에게 자신들이 만든 검색 엔진을 스탠퍼드대학교 안에서 시범적으로 사용할 수 있게 도와 달라고 부탁했다. 교수, 직원, 학생들은 온라인으로 'google.standford.edu'에 접속하면 구글 검색 엔진을 사용할 수 있었다. 사용자들은 검색 엔진을 사용하고 난 뒤 세르게이와 래리에게 어떤 점이 좋았고 어떤 점을 개선해야 하는지 피드백을 제공했다. 사용자들은 웹 사이트의 가치에 따라 순위를 매겨 결과 목록을 만드는 검색 엔진을 보고 열광했다.

스탠퍼드대학교는 두 사람이 자신들의 창작물에 대한 특허 신청을 할 수 있게 도와주었다. 두 젊은이는 홈페이지를 다시 꾸미기 시작했다. 래리는 자신의 손을 찍은 단순한 사진으로 백러브용 페이지에서 쓸 로고를 만들었다. 두 사람에게는 디자이너를 데려다 쓸 돈이 없었기 때문에 홈페이지를 직접 만들어야 했다. 두 사람은

페이지랭크의 특허가 등록되다

1998년 1월 9일 스탠퍼드대학교는 페이지랭크 처리 절차에 대한 내용을 담은 특허 신청서를 제출했다. 그리고 2001년 9월 4일 미국의 특허 628만 5999번이 출원되었다. 이 특허를 보면 특허권자는 스탠퍼드대학교이며 특허에 대한 모든 권한이 스탠퍼드대학교에 속한다고 명시되어 있다. 누구든 이 알고리즘을 사용하고 싶다면 허가 절차를 밟아야 했다. 래리 페이지가 특허 발명자 자격으로 이름을 올렸지만 페이지랭크에 대한 권한은 스탠퍼드대학교에게 있었다. 구글은 특허를 사용하는 대가로 스탠퍼드대학교 측에 주식 1800만 주를 넘겼다. 2005년 스탠퍼드대학교는 이 주식을 팔아 3억 3600만 달러를 벌었다.

아무것도 없는 깨끗한 흰 바탕에 'Google'이라고 쓰고 이 단어에만 색을 입히기로 결정했다. 번쩍거리는 화려한 광고와 빠르고 복잡한 그래픽 하나 없이 단순하고 깔끔한 구글의 홈페이지는 사용자의 시선을 사로잡았다.

마침내 두 사람이 개발한 검색 엔진이 그 당시 존재하던 다른 검색 엔진들을 훨씬 능가하는 도구임이 입증되었다. 두 사람은 자신들이 만든 프로그램에 강한 자신감을 보였다. 연구실과 기숙사 방만으로는 감당할 수 없을 만큼 프로젝트가 커졌고, 대학이 운영하는 서버_{정보를 제공하거나 처리하는 컴퓨터 시스템}에서 구글이 차지하는 대역폭이 늘어날수록 스탠퍼드 대학 당국이 느끼는 불안감도 점점 높아 갔다. 세르게이와 래리는 구글을 다른 회사나 투자자에게 팔기로 결심했다. 두 사람은 자신들이 만든 창작물을 팔아 이윤을 넉넉하게 남긴 다음 그 돈으로 대학원 공부를 계속할 수 있기를 바랐다. 그러나 상황은 두 사람의 바람대로 흘러가지 않았다.

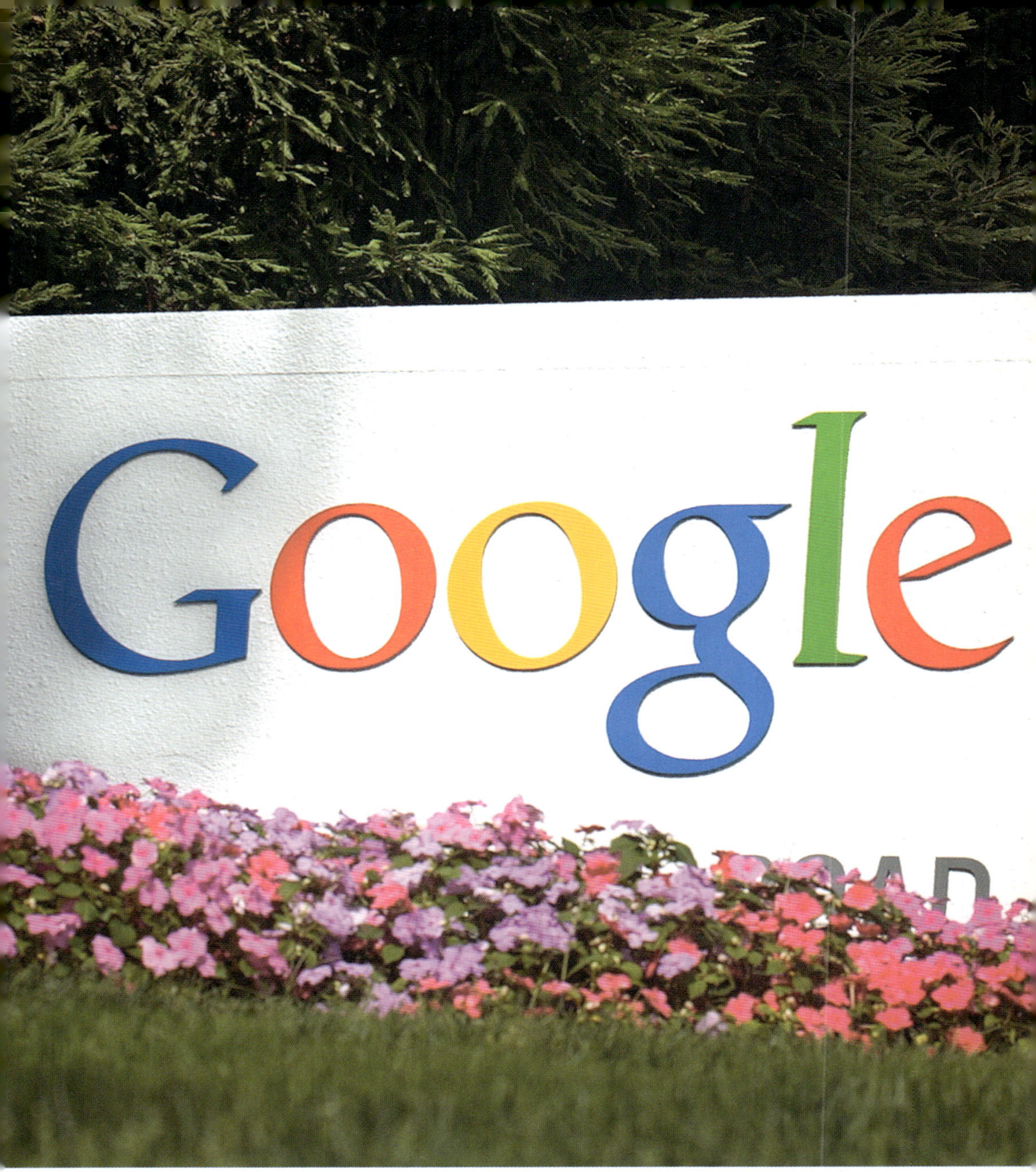

세르게이와 래리는 이름을 나타내는 글자에 눈에 확 띄는 선명한
색상을 입히는 단순한 작업만으로 구글 로고를 만들었다.

05

학생에서 사업가로의 변신

처음 개발을 시작했을 때부터 세르게이와 래리 어느 누구도 구글로 창업할 생각은 없었다. 두 사람 모두 구글을 박사 학위에 조금 더 가까이 다가갈 수 있는 학술적인 연구 프로젝트라고 생각했다. 그러나 두 사람의 아버지들처럼 교수가 되는 대신, 세르게이와 래리는 스탠퍼드대학교에 다녔던 창의적이면서도 용감한 학생들이 걸었던 그 길을 뒤따라가게 되었다.

구글을 둘러싸고 스탠퍼드대학교 안에서 과장된 소문들이 꼬리에 꼬리를 물고 자라났다. 세르게이와 래리는 실리콘 밸리 내 또다른 유력 인사가 되는 길을 착실하게 밟아 나갔다. 그러나 그 전에 먼저 두 사람은 스탠퍼드대학교 밖에서도 사용할 수 있도록 구글을 확장할 방법을 찾아야 했다. 세르게이와 래리는 구글에 사용된 기술로 기존 검색 엔진을 개선시킬 능력이 있는 회사에게 구글을 팔아 많은 돈을 벌고, 그 돈으로 계속 공부할 수 있기를 바랐다.

구글을 파는 행운은 따르지 않았다

1997년 세르게이와 래리는 인터넷 검색 엔진 회사인 알타비스타를 설립한 사람 중 1명과 만났다. 알타비스타는 당시 가장 훌륭한 인터넷 검색 엔진을 보유한 회사로 평가 받았다. 두 사람은 알타비스타가 백만 달러를 내고 구글을 사는 데 관심을 보이기를 바랐다. 스탠퍼드대학교를 졸업하고 알타비스타의 핵심 개발자이자 경영진으로 일하던 폴 플라허티는 두 사람의 말을 주의 깊게 들었다. 세르게이와 래리는 구글이 다른 검색에 비해 어떤 점이 뛰어난지 설명했다. 플라허티는 이렇게 말했다. "제 생각에 웹 사이트 사이를 연결한 링크를 분석하고 이를 바탕으로 페이지에 순위를 매긴

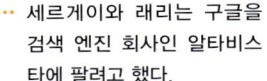
세르게이와 래리는 구글을 검색 엔진 회사인 알타비스타에 팔려고 했다.

실리콘 밸리

스탠퍼드대학교는 샌프란시스코 만 남쪽 지역에 있는 실리콘 밸리의 한가운데 자리 잡고 있다. 1940년대와 1950년대 스탠퍼드 공과대학 학과장을 지냈던 프레더릭 터먼은 스탠퍼드 대학 졸업생들에게 그 지역을 떠나지 말고 직접 창업하도록 장려했다. 터먼은 수십 만 평방미터에 달하는 땅을 개발해 훗날 '스탠퍼드 인더스트리얼 파크'라고 부르게 될 사무실과 연구 시설을 세우자고 스탠퍼드 대학 당국을 설득했다. 터먼의 노력으로 현재 '스탠퍼드 리서치 파크'라고 이름이 바뀐 시설이 설립되었고, 전 세계에서 가장 큰 컴퓨터 제조 회사 중 하나인 휴렛팩커드 사 같은 첨단 기술 기업들이 이곳에서 탄생하였다. 그리고 관련 업계에서 가장 뛰어난 몇몇 사람의 도움을 받아 라디오, 텔레비전, 군 관련 전자 산업 그리고 컴퓨터 산업 분야에서 가장 큰 영향력을 발휘하는 기업들이 서서히 성장했다.

1970년대가 되자 이 지역은 반도체 및 컴퓨터 산업과 관련된 회사들로 북적거리게 되었다. 실리콘은 반도체를 만드는 데 반드시 필요한 요소였다. 스탠퍼드대학교 주변으로 반도체를 취급하는 회사가 점점 많아지자 사람들은 이 지역을 실리콘 밸리라고 부르기 시작했다.

두 사람의 방식에는 정말로 대단한 뭔가가 있어 보였습니다. 그건 당시 알타비스타의 기술력 가운데 가장 취약한 부분이었습니다."

그러나 알타비스타의 모회사인 디지털 이큅먼트DEC 사는 결국 구글을 사지 않기로 결정했다.

세르게이와 래리는 자신들의 발명품을 익사이트와 야후에도 팔려고 시도했지만 두 회사 모두 관심을 보이지 않았다. 그러나 야후의 공동창업자인 데이비드 파일로를 만났을 때는 아주 작은 성과를 거둘 수 있었다. 파일로는 두 사람에게 구글이 매우 특별한 제품이라는 확신이 있다면 잠시 하던 공부를 멈추고 두 사람이 직접 사업을 시작해 보는 것이 어떻겠냐고 제안했다.

두 사람은 어떤 중대한 결정도 내리지 않은 채 스탠퍼드대학교에 있는 사용자들을 위해 구글을 개선하는 작업에 몰두했다. 두 사람은 이메일을 통해 사용자에게 구글 이용에 대한 의견을 묻는 설문 조사서를 보냈다. 설문 결과를 본 두 사람은 사용자의 의견에 따라 모든 검색 결과 앞에 한두 줄로 웹 페이지를 요약해서 보여주는 기능을 추가했다. 이로 인해 구글의 사용 편의성은 더 높아졌고, 구글을 찾는 충실한 사용자 수는 점점 더 많이 늘어났다.

얼마 후 구글을 통해 검색하는 횟수가 하루당 1만 건을 넘어서게 되었다. 구글을 확장하라는 요구가 커지면서 두 사람에게는 더 많은 처리 장치와 자금이 필요했다. 두 사람은 계속해서 컴퓨터를 사들였고, 결국 디스크 공간을 확보하느라 신용카드 세 장을 한도액까지 쓰는 지경에 이르렀다. 두 사람에게서 누군가 구글을 살 것이라는 희망이 서서히 빠져나갔다. 세르게이와 래리는 구글을 확장하려면 직접 회사를 운영해야 할지도 모른다는 사실을 깨닫기 시작했다.

엔젤 투자자가 나타나다

사업을 시작하려면 엄청난 자금이 필요했다. 이제 막 시작하려는 벤처 기업에게 자신이 가진 돈을 투자하는 부유한 개인 투자가를 '엔젤 투자자'라고 부른다. 엔젤 투자자는 대부분 사업 초기에 자금을 대는 대가로 회사의 소유권을 일정 부분 요구한다. 투자한 벤처 기업이 성공을 거두면 엔젤 투자자는 많은 돈을 벌었다.

세르게이와 래리는 컴퓨터공학과 교수인 데이비드 체리턴을 찾아가 투자자를 찾을 수 있게 도와 달라고 부탁했다. 1998년 8월 체리턴 교수가 실리콘 밸리에서 활동하는 사업가 앤디 벡톨샤임을 두 사람에게 소개했다. 벡톨샤임은 네트워크 장비 제조업체인 시스코 시스템즈의 부사장이었다. 벡톨샤임은 두 대학원생이 설명하는 내용에 관심을 보였다. 벡톨샤임은 정보를 검색할 때 발생하는 간단한 문제들을 해결할 수 있다는 점을 마음에 들어 했다. 그리고 두 젊은 발명가가 보여 준 뛰어난 지적 능력과 추진력에 대해 칭찬을 아끼지 않았다. 구글이 어떤 식으로 수익을 낼 수 있을지 간단하게 의견을 나눈 뒤 벡톨샤임은 그 자리에서 수표책에 10만 달러를 적어 두 사람에게 내밀었다. 세르게이와 래리는 공식적으로 회사를 창업할 때까지 벡톨샤임이 준 수표를 현금으로 바꿀 수 없었다. 체리턴 교수도 벡톨샤임과 함께 투자에 참여하기로 결정했다.

구글이 본사로 선택한 첫 건물은 ···▸
캘리포니아 주 멘로 파크에 있는
이 차고였다.

차고에서 시작하다

구글은 이미 서비스를 시작한 상태였다. 세르게이와 래리는 그동안 애타게 바랐던 자금을 확보했고, 마침내 1998년 9월 7일 공식적으로 회사의 형태를 갖추게 되었다. 창업하기 위해 작성한 서류에는 래리 페이지를 최고 경영자CEO로, 세르게이 브린을 사장으로 적었다. 두 사람이 세운 회사의 기본 목적은 간단했다. "웹에 있는 고급 정보를 쉽게 찾을 수 있게 하자."

두 사람은 학문적 목표를 추구하려고 했던 어릴 적 꿈을 잠시 접어 두었다. 세르게이의 부모님과 래리의 부모님 모두 두 사람

이 내린 결정을 마음에 들어 하지 않았다. 세르게이의 어머니는 그때 상황에 대해 이렇게 말했다. "우리는 정말 속상했어요. 이성적이고 사리를 분별할 수 있는 사람이라면 누구나 박사 학위를 받아야 한다고 생각했거든요."

두 사람은 더 이상 학생이 아니었고 스탠퍼드대학교를 떠나야 했다. 두 사람에게는 당분간 머물 보금자리와 컴퓨터를 설치할 사무실이 필요했다. 두 사람은 세르게이 여자 친구의 언니인 수잔 보이치키에게 차고와 남는 방 하나를 빌렸다. 집과 사무실이 한 지붕 아래 있게 되자 세르게이와 래리는 거의 모든 시간을 함께 붙어 다녔다. 구글의 첫 사무실은 값싸고 매우 편리했다. 하지만 사용한 지 몇 달 만에 회사를 운영하기 위해 빌린 차고보다 훨씬 더 큰 공간이 필요해졌다.

성장하는 구글

1998년 말 미국의 종합 일간지 《USA 투데이》가 구글을 특집 기사로 다뤘다. 이제 막 탄생된 기업이었는데도 미국의 IT 전문 잡지 《PC 매거진》은 '1998년도 최고 웹 사이트 및 검색 엔진 100개'에 구글의 이름을 올렸다. 그리고 "사용자가 입력한 검색어와 관련성이 높은 결과를 찾아 보여 주는 신비롭고 놀라운 재주를 터득했다"라고 설명했다. 사람들이 구글과 인

집주인에서 직원으로 그리고 훗날 처형이 된 사람

세르게이와 래리가 빌린 차고의 주인 수잔 보이치키는 두 사람이 집에서 더 많은 공간을 사용할 수 있도록 허락했다. 1999년 보이치키는 구글의 첫 번째 마케팅 전문가로 일하기 시작했다. 초창기 보이치키가 해야 할 업무 중에는 구글 홈페이지에서 보여 줄 기념일 로고를 만드는 일 그리고 기업의 첫 고객들과 함께 웹 검색에 대한 라이선스를 관리하는 일도 있었다. 나중에 보이치키는 구글의 제품 담당 부사장으로 승진했다. 보이치키의 남편인 데니스 트로퍼 역시 구글의 경영진으로 일하게 된다. 2007년 세르게이 브린이 여동생인 앤과 결혼하면서 수잔 보이치키는 세르게이의 처형이 되었다.

터넷 검색에 접근하는 구글의 새롭고 신기한 방식에 주목하기 시작했다. 구글은 사람들 앞에 등장할 기회를 자주 얻었고 빠르게 성장했다. 세르게이와 래리는 지금이 구글을 확장할 시기라고 판단했다. 백톨샤임에게서 자금을 투자 받은 지 얼마 지나지 않아 세르게이와 래리는 구글의 첫 번째 직원을 채용했다. 바로 스탠퍼드

대학교에서 두 사람과 함께 박사 과정을 밟았던 크레이그 실버스타인이었다. 차고에서 일하기 시작한 지 다섯 달 만에 두 사람은 스탠퍼드대학교에서 고작 1.6km밖에 떨어지지 않은 팔로 알토 중심가에 사무실을 얻었다.

세르게이와 래리는 똑똑하고 젊은 스탠퍼드대학교 졸업생들을 더 많이 고용하기 시작했고, 얼마 지나지 않아 다시 한 번 회사를 확장해야 한다는 사실을 깨달았다. 1999년 6월 구글은 투자 회사 두 군데에서 2500만 달러를 투자 받았다. 회사를 든든하게 받쳐 줄 자금이 확보되자, 같은 해 8월 두 사람은 캘리포니아 주 마운틴 뷰에 있는 더 큰 사무실로 구글의 본사를 이전할 수 있었다.

더 이상 투자를 받거나 장비를 구하기 위해 여기저기 헤매고 다닐 필요가 없어지기는 했지만 두 사람은 여전히 가급적이면 돈을 들이지 않고 회사를 발전시키는 데 몰두했다. 두 사람은 값비싼 고급 사양의 컴퓨터 대신 값싼 컴퓨터를 골랐다. 그리고 처리 시간을 지연시키는 불필요한 부품을 컴퓨터에서 전부 들어냈다.

다른 검색 엔진과 다르게

그때까지 다른 상용 검색 엔진들은 예전보다 더 효율적으로 검색할 수 있는 도구를 탄생시키는 데 관심을 보이지 않았다. 바로 이 점이 구글을 성공으로 이끈 가장 중요하고도 핵심적인 요인 중 하나였을 것이다. 알타비스타, 익사이트, 라이코스처럼 그때까지 사용자의 관심을 끌었던 검색 엔진들은 광고 같은 여러 가지 수단으로 돈을 벌고자 하는 회사에서 제공하는 서비스였다. 이런 검색 엔진들이 내놓는 검색 결과의 수준이 점점 나빠지자 사용자들은 대안으로 쓸 수 있는 검색 엔진을 찾아 나섰다. 그리고 구글을 발견했다.

다른 검색 엔진 회사들은 사용자가 입력한 검색어를 요령 있게 잘 처리하는 일이 그다지 중요하지 않다고 생각했다. 하지만 세르게이와 래리는 빠르고 믿을 수 있으며 정확한 결과를 내놓는 검색 엔진이 결국 그 가치를 입증할 것이라는 자신들의 굳은 믿음을 버리지 않았다. 두 사람은 자신들이 번 돈을 추가 서버를 구입하는

"지금 와서 생각해 보니 그건 굉장히 놀라운 일이었습니다. 하지만 당시만 해도 자질구레한 단계를 여러 번 거쳤고 그럴 때마다 당연한 수순을 밟는 중이라고 생각했습니다. 구글의 알고리즘은 스탠퍼드대학교 안에서 실제로 성공을 거둔 검색 엔진으로 탈바꿈했습니다. 스탠퍼드대학교에 있는 많은 사람들이 두 사람이 만든 검색 엔진을 사용했지요. 저도 그때 처음으로 구글을 접했고 정말 홀딱 반했습니다. …… 당시 최고 수준의 기술을 사용한다고 평가 받던 다른 검색 엔진보다 훨씬 더 나은 뭔가를 본 순간 정말 감동을 받았습니다. 그것은 결국 회사로 바뀌었고 입에서 입으로 전해져 사용자들이 늘어나기 시작했습니다. 그리고 이제 사람들은 구글을 사랑합니다."

크레이그 실버스타인, 구글의 첫 번째 직원

데 쏟아부었고, 사용자들이 입에서 입으로 전하는 소문과 구글에게 호의적인 태도를 보이는 언론 보도를 마케팅 전략으로 활용했다. 그 결과 구글의 검색 속도는 더욱 빨라졌고 사용자들은 즐거운 마음으로 다른 사람들과 함께 구글 관련 뉴스를 공유했다. 구글 사이트를 방문하는 기본 사용자 수는 구글이 마케팅에 더 이상 돈을 쏟아붓지 않아도 될 만큼 나날이 증가했다.

광고에 반대하다

다른 검색 엔진 회사는 자신들이 운영하는 웹 사이트에 올릴 배너 광고*를 파는 데 신경을 썼다. 하지만 세르게이와 래리는 한사코 구글 홈페이지에 배너 광고를 올리지 않으려 했다. 두 사람은 단순하고 깔끔한 구글 홈페이지에 자부심을 가졌고 '판매가 아닌 검색을 위한 검색 엔진'이라는 사이트 운영 목적에 거스르는 일을 할 생각이 없었다. 스탠퍼드대학교를 다니는 동안 두 사람은 「대규모 하이퍼텍스트 웹 검색 엔진의 해부」라는 제목으로 논문을 쓴 적이 있었다. 이 논문에서 두 사람은 페이지랭크 알고리즘의 원리와 그

배너 광고 인터넷 홈페이지에 띠 모양으로 올리는 광고

것을 최첨단 검색 엔진으로 탈바꿈시킬 두 사람의 계획에 대해 설명하고 있다. 두 사람은 논문을 통해 이렇게 말한다. "광고로 수익을 올리는 검색 엔진은 어쩔 수 없이 사용자의 필요가 아닌 광고주의 요구를 따르게 된다."

1999년 말 구글 홈페이지에서 실행되는 검색 명령 횟수는 하루 평균 700만 건으로 증가했다. 6개월 뒤 이 숫자는 1800만 건으로 빠르게 늘어났다. 언론 매체는 구글을 찬양하느라 바빴고 입소문은 쉴 새 없이 번져 나갔다. 구글은 운영비로 한 달에 50만 달러 이상을 지출했고, 구글이 사용자들의 수요에 맞추기 위해 확장을 계속하는 동안 운영비는 하늘 높은 줄 모르고 치솟았다. 다른 회사가 일정한 수수료를 내고 구글 검색 엔진을 사용하도록 허용했지만 그 정도 수입으로는 수익을 맞출 수 없었고 곧 회사 자금이 바닥날 터였다. 이제는 세르게이와 래리가 마음을 바꿔 배너 광고를 팔아야 할 것이라고 사람들은 생각했다.

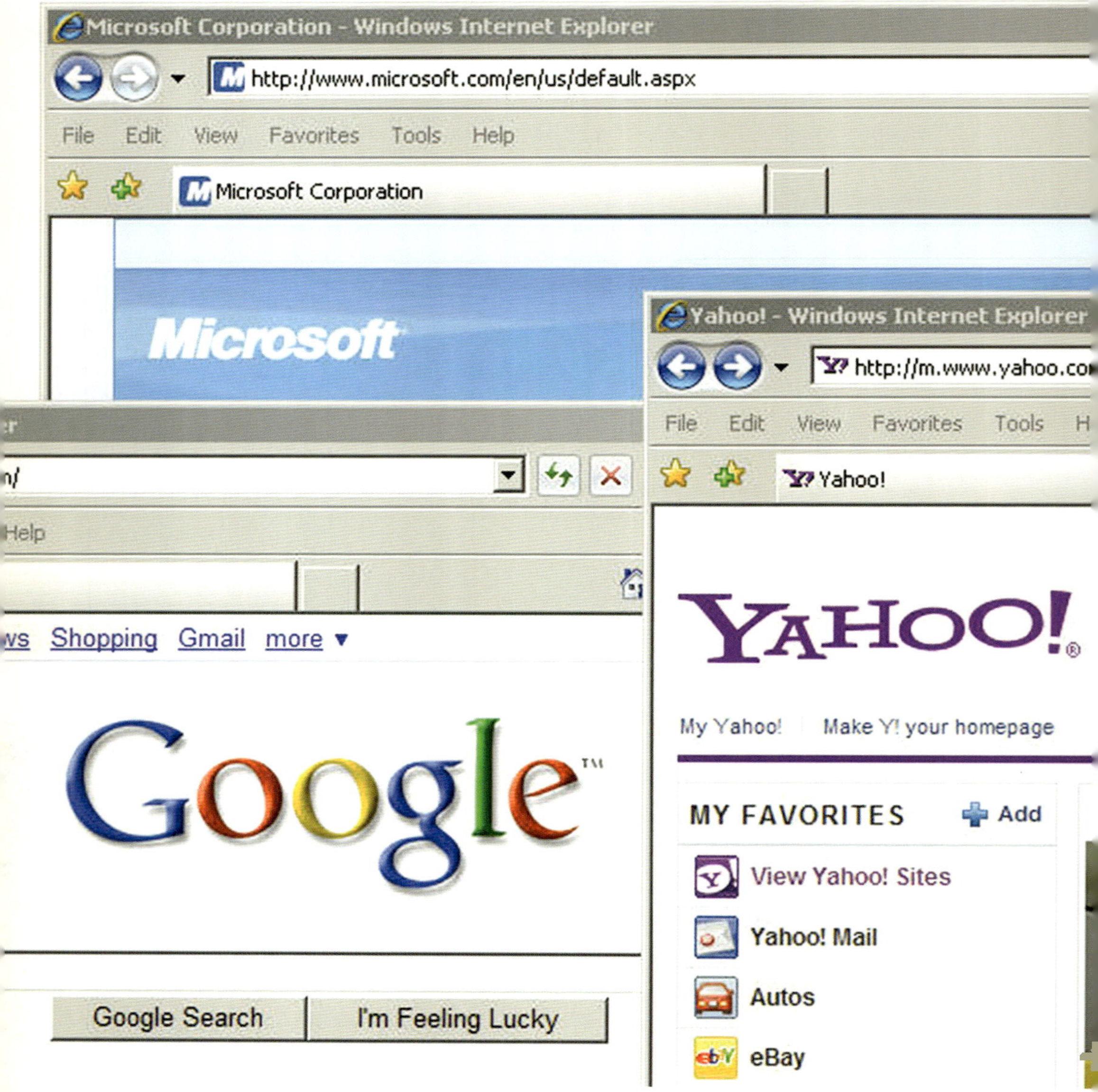

![Microsoft Corporation - Windows Internet Explorer 브라우저 화면과 Google, Yahoo! 화면]

Microsoft Corporation - Windows Internet Explorer

http://www.microsoft.com/en/us/default.aspx

File   Edit   View   Favorites   Tools   Help

Microsoft Corporation

Microsoft

Yahoo! - Windows Internet Explorer

http://m.www.yahoo.co

File   Edit   View   Favorites   Tools   H

Yahoo!

ws Shopping Gmail more ▼

Google™

YAHOO!®

My Yahoo!   Make Y! your homepage

| Google Search | I'm Feeling Lucky |

MY FAVORITES   ➕ Add

View Yahoo! Sites

Yahoo! Mail

Autos

eBay

구글의 깔끔한 홈페이지는 야후를 비롯한 다른 검색 엔진들과는 전혀 다른 모습을 보여 준다.

06

사악해지지 말자

하루 평균 구글에서 실행되는 검색 명령 횟수가 수백만 건에 달했지만 벌어들이는 돈은 쥐꼬리만큼 밖에 되지 않았다. 세르게이와 래리는 마지못해 구글 웹 사이트에 광고를 내걸기로 마음먹었다. 광고는 회사가 돈을 벌 수 있는 유일한 방법이었다. 하지만 사용자가 돈을 내고 구글 서비스를 이용하지는 않을 것이 확실했다. 두 사람은 처음 시작할 때부터 그랬듯이 자신들만의 방식으로 문제를

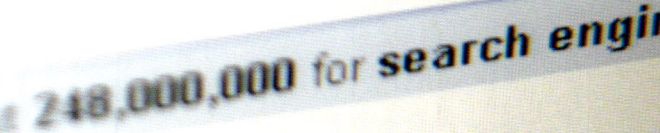

구글은 '스폰서 링크'라고 부르는 광고를 검색 결과에 끼워 넣기 시작했다.

해결하고 싶어 했다. 두 사람은 '사악해지지 말자'를 구글의 모토로 삼았다. 이 말은 돈 때문에 이리저리 휘둘리지 않고 구글 사용자에게 가장 좋다고 생각되는 일을 하고 싶다는 뜻이었다. 세르게이와 래리는 구글이 추구하는 원칙을 굽히지 않고도 광고를 판매할 수 있는 방법을 찾아야 했다.

자신만의 방법을 찾다

"사악해지지 말자."

2001년 7월 구글 임직원들이 한자리에 모여 구글을 나타내는 핵심적인 원칙이 무엇인지 의견을 나눴다. 몇몇 사람들이 "존중하는 마음으로 모든 사람을 대한다"나 "회의 시간을 지키자"와 같은 모토를 내놓았다. 훗날 지메일을 개발한 구글의 엔지니어 폴 부크하이트가 가만히 있다가 불쑥 말을 던졌다. "지금 나온 말들을 한마디로 표현할 수 있는 말이 있지. 그건 바로 '사악해지지 말자'라는 말이야." 부크하이트가 한 말은 정곡을 꿰뚫는 말이었고 결국 구글 문화의 일부가 되었다.

이제 사용자들은 구글 웹 페이지가 계속해서 깔끔하고 단순한 모습으로 남기를 기대하였다. 구글에 두 번째로 채용된 직원인 마리사 메이어는 1999년 12월 사용자들에게서 거센 항의를 받았다. 구글의 결과 화면에서 사용하는 글씨체를 좀 더 읽기 편한 글씨체로 바꿨기 때문이었다. 이런 일들을 겪은

혐오감을 줄 수 있는 검색 결과

구글 설립자들은 인터넷 검색 결과 목록이 앞으로도 변함없이 무료로 제공되어야 하고, 검색하고자 하는 사람이라면 누구나 검색 결과를 볼 수 있어야 한다고 주장한다. 그러나 인터넷을 감시하는 사람들은 폭탄 제조 방법 같은 특정 정보에 대해서는 어떤 사용자라도 접근하지 못하게 막아야 한다고 말한다.

세르게이와 래리 모두 유대인의 피를 이어받은 사람들이었다. 그러나 구글은 사용자가 검색어로 Jew유대인이라는 뜻를 입력했을 때 'Jew-Watch'라고 부르는 반유대주의 웹 사이트를 검색 결과의 가장 윗부분에 보여 주었다. 그러자 여기저기서 검색 결과를 거르지 않고 그대로 보여 주는 구글의 정책에 대해 질문을 해 왔다.

유대인 공동체는 구글의 상위 목록에서 'Jew-Watch' 사이트를 없애라고 요구했다. 어렸을 적 반유대주의를 피해 가족과 함께 소비에트 연방을 떠나야 했던 세르게이는 결과 목록에서 해당 사이트를 제거하라는 요구를 무시했다. 세르게이는 이렇게 대답했다. "저도 그 사이트를 보면 당연히 기분이 몹시 나쁩니다. 하지만 순위 결정 시스템에서 객관성을 유지해야 함은 구글이 지켜야 할 가장 중요한 원칙 가운데 하나입니다."

사이트를 목록에서 제거하는 대신 구글은 검색 결과 중에서 미심쩍은 웹 사이트가 있는 경우 목록 윗부분에 '혐오감을 줄 수 있는 검색 결과'라는 경고 문구를 표시함으로써 이 문제를 해결했다. 경고 문구는 의심스러운 결과물에 대해 구글이 어떤 방침을 세웠는지 설명하는 웹 페이지로 사용자를 안내하는 링크이기도 하다. "구글의 검색 결과는 철저하게 객관성을 유지한 상태로 작성되며 구글에서 검색 명령을 실행하는 사람들의 믿음이나 성향과는 어떤 관계도 없습니다."

탓에 세르게이와 래리는 광고를 추가한다고 해서 구글 홈페이지의 전반적인 틀을 바꿀 생각은 전혀 하지 않았다. 구글에 광고를 추가하는 작업은 대단히 까다로운 일이 될 터였다.

2000년 5월 무렵 구글에서 실행되는 하루당 인터넷 검색 횟수는 1800만 건을 넘어섰다. 같은 해 6월 구글은 URL이 10억 개에 도달했고, 덕분에 최고의 인터넷 검색 엔진이 되었다고 발표할 수 있었다. 구글은 앞으로 자신들을 통해 광고하려는 사람들을 위해 어마어마한 사용자를 확보한 셈이었다. 라디오, 옥외 광고물, 버스, 인쇄물 등의 광고 비용으로 해마다 수십억 달러씩 지출하는 미국 회사들에게 구글은 소비자에게 다가갈 수 있는 새로운 공간을 제시했다.

광고주는 특별히 자신이 팔고자 하는 제품이 있을 경우, 구글을 통해 그 제품을 검색하는 소비자를 직접적인 광고 대상으로 삼을 수 있었다. 예를 들어, 옥외 광고물에 카메라 광고를 설치한다고 해서 광고판 옆을 지나가는 사람들이 카메라를 사는 데 관심을 보이게 만든다고 보장할 수는 없다. 그러나 어떤 사람이 구글을 통해 카메라와 관련된 정보를 검색한다면, 그 순간 이 사람은 카메라를 구입하고 싶다는 생각을 다른 사람보다 많이 하는 사람일 확률이 높다. 즉, 카메라 혹은 카메라 관련 장비에 대한 광고를 사용자 눈앞으로 들이미는 행위보다 더 나은 광고 방법은 없는 셈이다.

세르게이와 래리는 배너 광고를 달아 구글의 깔끔한 홈페이지를 너저분하게 만들지 않기로 의견을 모았다. 광고를 홈페이지에 더덕더덕 붙이는 대신 두 사람은 광고를 결과 페이지에 넣기로 결정했다. 광고는 결과 목록 윗부분에 있는 흰색 바탕과 대비되어 눈

에 확 띄는 하늘색 상자 안에 격리시켜 보여 주었다. 이렇게 되자 사용자는 어느 쪽으로도 치우치지 않고 무료로 제공되는 검색 결과 목록과 구글에게 광고료를 지불한 광고를 구별할 수 있었다. 광고를 보고 좀 더 많은 정보를 얻고 싶은 생각이 들면 사용자들은 광고와 연결된 링크를 누르면 된다. 구글은 추가로 이런 링크들에게 '스폰서 링크'라는 이름을 붙여 광고에 신뢰감을 더했다.

두 사람은 인터넷의 성능을 떨어뜨리는 팝업 윈도우나 그래픽 효과에 방해 받지 않고 구글 검색 엔진이 계속해서 순조롭게 실행될 수 있도록

애드센스

2003년 구글은 '애드센스'를 개발했다. 애드센스란 구글이 광고주를 위해 만든 광고 프로그램 '애드워즈'를 다른 웹 사이트에 게시할 수 있게 만든 프로그램이다. 방문객이 광고를 클릭하는 경우 해당 웹 사이트 소유자는 돈을 벌고, 그 돈은 광고주가 내는 형식이다. 그러나 얼마 지나지 않아 클릭 수를 조작하는 사기 행위가 일어났다. 이런 일은 웹 사이트 소유자에게 더 많은 돈을 벌어 주기 위해서 사람이나 자동 클릭 프로그램이 웹 사이트에 있는 광고를 누를 때 발생했다. 구글은 사기 칠 목적으로 클릭하는 행위를 적발하기 위해 계속해서 프로그램을 개선했지만 정당한 클릭인지 아닌지 구분하기가 어려운 경우도 가끔 발생했다. 구글은 조작된 클릭 수가 전체 클릭 수의 2%에서 20%라는 상당히 넓은 비율을 차지한다고 추정했다.

만들었다. 구글에 게시되는 광고는 모두 제목, 링크, 웹 사이트를 설명하는 간단한 문구로만 제작된다. 광고주는 온라인으로 구글의 광고란을 살 수 있다. 광고를 하고자 하는 사람들은 사용자가 검색 명령을 실행했을 때 자신의 광고가 검색 결과 페이지 윗부분에 나타나도록 유도하는 키워드를 놓고 경쟁을 벌인다. 해당 키워드에

대해 가장 많은 돈을 지불한 회사가 스폰서 링크 상자의 가장 첫 번째 자리를 차지한다.

두 사람은 페이지랭크 시스템을 효과적으로 만든 논리를 광고에도 똑같이 적용할 기회를 발견했다. 세르게이와 래리의 설명을 들어 보자. "우리는 광고를 상업적인 '정보'라고 생각했습니다. 이 아이디어는 세상에 있는 모든 정보를 체계화시키자는 우리의 핵심 목표를 되돌아보게 했습니다." 두 사람은 곧바로 '애드워즈'를 개발했다. 애드워즈란 얼마나 많은 사용자가 클릭했는지를 기준으로 광고에 품질 지수를 매기는 시스템이다. 페이지랭크 시스템이 웹 페이지 순위를 매기는 방식처럼 애드워즈는 더 많이 클릭되는 광고를 웹 사용자들이 더욱 가치 있게 여긴다는 가정을 바탕으로 제작되었다. 결과 목록 페이지에서 키워드에 대해 가장 높은 입찰가를 제시했던 광고보다 더 높은 자리를 차지할 때까지 해당 광고의 품질 지수는 계속 증가할 수 있다. 세르게이와 래리는 다시 한 번 권력을 사용자 손에 넘겨주었다.

2000년 말이 되자 구글은 드디어 돈을 벌 수 있는 시스템을 갖추었고 150명이 넘는 직원을 채용했다. 두 구글 설립자는 야후나 아메리카 온라인AOL 같은 다른 검색 사이트에서도 정해진 수수료만 내면 구글 검색 엔진 기술을 사용할 수 있도록 했다. 광고 공간을 마련하고 판매한 덕분에 투자비를 운영비로 쏟아 부을 필요성이 줄어들었다. 2001년이 되자 구글의 검색 횟수는 하루당 1억 건, 혹은 초당 1000건을 넘어섰다. 구글이라는 단어는 많은 영어권 국가 사람들이 매일같이 입에 올리는 말이 되었다.

그러나 구글은 그때까지 수익을 올리는 회사로 변신하지 못했다. 두 사람은 투자자들로부터 구글의 명성과 성공을 기반으로 돈을 벌 수 있는 새로운 최고 경영자를 영입하라는 압력을 받았다.

새로운 최고 경영자

2001년 8월 에릭 슈미트가 구글의 새로운 최고 경영자로 채용되었다. 세르게이는 구글의 기술 부문 최고 책임자가 되었고 래리는 제품 관련 책임을 맡았다. 세 사람은 권력을 똑같이 나눠 가졌으며 회사 경영에 대한 결정도 함께 내렸다. 슈미트는 성공한 IT 업체인 선 마이크로시스템즈의 최고 기술 책임자CTO와 기업용 운영 체제를 전문으로 하는 소프트웨어 회사 노벨의 최고 경영자를 지냈다. 세르게이와 래리는 슈미트가 가진 사업적 감각과 점잖은 태도에 깊은 인상을 받았다. 투자자들은 경험이 풍부한-게다가 성공한-실리콘 밸리 출신 경영자에게 회사 운영을 맡겼다며 안심했다. 슈미트는 아직 채 서른 살도 되지 않은 두 젊은이가 재능이 매우 뛰어난 사람들임을 알아보았다. 슈미트는 이렇게 말했다.

세르게이와 래리는 그토록 어린 나이에 비해 놀랄 만큼 뛰어난 판단력을 지니고 있었습니다. 두 사람은 똑똑하기도 했지만 세상 물정에도 밝았고 통찰력도 있었지요. 대단히 인상적이었습니다. 제가 20년에 걸쳐 키운 통찰력을 두 사람은 2년 혹은 3년 만에 배웠습니다.

최고 경영자가 된 지 한 달 만에 슈미트는 구글 설립 이후 처음으로 돈을 벌어들이는 성과를 올렸다. 그해 말 구글은 자신들의 2001년도 수익이 거의 8500만 달러에 이른다고 발표했다. 마침내 두 대학원생의 연구 프로젝트에서 시작한 회사가 돈을 끌어모으는 사업으로 변신했다.

에릭 슈미트(위)는 2001년 구글의 새로운 최고 경영자가 되었다.

07

성장하는 구글

세르게이와 래리는 계속해서 구글 검색 엔진을 개선해 나갔다. 2000년 5월 지원 언어를 10개 더 추가해 검색 능력을 높인 구글이 등장했다. 새로 지원되는 언어는 프랑스어, 독일어, 이탈리아어, 스웨덴어, 핀란드어, 스페인어, 포르투갈어, 네덜란드어, 노르웨이어, 덴마크어였다. 넉 달 후 구글은 중국어, 일본어, 한국어를 지원 언어 목록에 추가했다. 2002년 구글은 지원 언어를 72개까지 확대했고

전 세계 사람들이 구글링*을 했다.

구글에서 근무하는 개발자들은 열심히 일했다. 2001년 7월 구글 사용자는 구글 이미지 검색 기능을 통해 2억 5000만 개가 넘는 이미지 사이를 누비고 다닐 수 있었다. 다음 달인 2001년 8월 세르게이와 래리는 구글의 첫 번째 해외 지사를 열기 위해 도쿄에 나타났다.

2002년 5월 세르게이와 래리는 AOL과 기념비적인 계약을 체결했다. AOL은 구글의 검색 기술을 사용하고 3400만 명에 달하는 소비자에게 다가가기 위해 돈을 냈으며 광고 목록에도 이름을 올리기로 했다. AOL과 맺은 계약으로 구글은 야후, 아마존, 이베이 같은 인터넷 유력 집단과 더불어 인터넷에서 중요한 역할을 하는 자리에 올라섰다.

엉뚱하고 기발한 구글

구글의 분위기는 언제나 재미와 재치가 넘치고 기발한 아이디어로 가득 차 있다. 해마다 4월 1일 만우절이 되면 구글 홈페이지에는 익살맞은 거짓 주장이 등장한다. 과거 구글은 구글 검색 엔진의 힘이 비둘기에서 나온다거나 회사 이름을 구글에서 토피카로 바꾼다는 거짓말을 했다. 이와 비슷한 행동으로 구글은 현재 지원하는 130가지 언어 목록에 피그 라틴맨 앞에 있는 자음을 단어의 끝으로 보내고 그 뒤에 'ay'를 붙이는 어린이들의 말장난, 엘머 퍼드만화 캐릭터, '보크, 보크, 보크!'텔레비전 인형극 시리즈 「머핏 쇼」에 나오는 말, 클링곤드라마 「스타 트렉」에 나오는 외계인족이 쓰는 말 등을 넣기도 했다

구글링 구글로 검색하는 행위

◀···· 2006년 한 사용자가 한국어로 된 구글 검색 결과를 보고 있다.

구글플렉스

캘리포니아 주 마운틴 뷰에 있는 구글의 본사는 '구글플렉스'라고 불린다. 구글플렉스라는 이름은 '구글'과 '컴플렉스'를 합쳐서 만든 말이지만 수학적 의미가 들어 있는 말이기도 하다. 원래 '구골플렉스'는 10의 구골 1 뒤에 0이 100개 나오는 숫자 제곱을 나타내는 숫자이다.

구글플렉스에서 생활하는 삶

2004년 3월 구글은 마운틴 뷰에 있는 훨씬 더 큰 건물로 본사를 이전했다. 회사가 자리 잡은 새로운 캠퍼스는 '구글플렉스'로 알려지게 되었다. 구글플렉스에서 근무하는 직원들은 평온하고 느긋하면서도 신 나는 분위기를 마음껏 누렸다. 그럼으로써 프로젝트를 진행하면서 받는 스트레스를 한 방에 날릴 수 있었다. 구글은 구내 마사지 서비스부터 당구대와 무료 빨래방은 물론 공짜 식사와 간식까지 모든 것을 사원들에게 제공했다. 구글을 둘러싼 무성한 소문은 세르게이와 래리에게 최첨단 IT 기업의 일원이 되고 싶어서 몸살이 날 정도로 적극적이고 열정적인 직원을 채용할 수 있는 기회를 선사해 주었다. 구글 직원들에게는 눈길을 끌 만큼 매력적인 액수의 보너스가 지급되었다. 그 대신 직원들은 가지고 있는 모든 재능을 구글에 쏟아부어야 했다. 한 직원은 이렇게 말했다.

회사에서 하루 중 12시간, 일주일 중 엿새를 보내는 건 보통

구글 직원들은 재미있는 사무실에서 근무한다.

입니다. 안 그래도 되지만 그렇게 해야 한다는 압박감이 있
습니다. 회사에서 간식은 물론 삼시 세 끼를 모두 주는데 퇴
근하고 밥 먹으러 집으로 갈 필요가 없지요. 구글은 그 자체
가 하루 24시간, 주 7일을 지배하는 생활방식입니다. 게다
가 구글에 있는 사람들은 굉장히 친절하기까지 합니다.

세르게이와 래리는 소프트웨어 엔지니어에게 근무 시간 중 20%
를 관심 있는 프로젝트에 사용할 수 있도록 허용했다. 두 사람은
이 같은 조치가 개발자로 하여금 획기적인 아이디어를 고안하고
창의력을 기를 수 있게 할 것이라고 생각했다. 구글 엔지니어 크리

슈나 바라트는 이렇게 말했다.

> 사람들은 20%에 해당하는 시간을 여기저기 돌아다니는
> 데 사용합니다. 사람들은 자신이 중요하다고 생각하는 작
> 업을 하거나 새로운 것을 발명하거나 자신을 열정적으로
> 만드는 일을 할 때 생산적으로 변하기 마련입니다.

다른 회사에 비해 월급은 상대적으로 낮았지만 구글 직원들이
돈에 대해 말을 꺼낸 적은 거의 없었다. 직원 대부분은 자신이 구
글의 일부임을 즐겁게 받아들였기 때문에 구글에 머물렀다. 게다
가 이들은 회사 주식이 주식 시장에 상장되어 팔리기 시작하면 직
원들도 큰돈을 벌 수 있다는 사실을 알 만큼 실리콘 밸리에서 시작
해 성공을 거둔 기업의 사정에 대해 잘 알고 있었다.

2004년 8월 19일

2004년 8월 19일 일반인들도 주식을 사고팔 수 있도록 구글은 처
음으로 주식을 시장에 내놓았다. 이렇게 회사 내부에서만 보유하
던 주식을 외부인에게 공개하는 행위를 기업 공개 혹은 IPO라고

부른다. 주식 거래가 시작되었을 때 래리는 뉴욕에 있는 증권 거래소에 모습을 드러냈고 세르게이는 직원들과 함께 구글플렉스에 남아 있었다. 구글의 모든 직원들은 흥분한 채 과연 회사 주식이 팔릴지 그렇다면 과연 얼마나 팔릴지 지켜보았다.

구글에서 보내는 하루

똑똑한 인재들이 구글로 모여들게 하기 위해 세르게이와 래리는 구글플렉스를 창의력을 높일 수 있는 공간으로 만들었다. 회사를 운영하는 사람들은 직원들이 신 나는 마음으로 출근하기를 바란다. 구글의 직장 문화는 '한편으로는 대학 캠퍼스 같고 다른 한편으로는 유치원 놀이터 같은 분위기'라고 설명할 수 있다.

벽을 세워 칸칸이 막아 놓은 사무실 대신 직원들은 모든 공간이 하나로 개방된 사무실에서 함께 일한다. 라바 램프끓어오르는 용암의 색과 비슷한 액체를 넣은 장식용 전기 램프와 당구대, 푸스볼사방이 막힌 탁자 위에서 막대에 꿴 축구 선수 인형을 움직이며 하는 실내 축구 경기이 설치된 사무실은 여유롭고 편안하며 즐거운 분위기를 유지하여 일하는 동안 생기는 스트레스를 줄인다. 직원들은 낮잠을 자는 공간, 요가 수업, 사내 마사지 시설 등을 무료로 이용할 수 있다.

게다가 직원들은 먹을거리를 찾기 위해 멀리 나갈 필요가 없다. 솜씨 좋은 요리사가 직원들을 위해 공짜로 신선하고 맛있는 음식을 요리한다. 냉장고와 스낵바에는 무료로 제공되는 건강 음식들이 가득 차 있어서 직원들이 마음대로 골라 먹을 수 있다. 사무실에 애완동물을 데려와도 되고, 회사 내 복장 규정도 아주 단순해서 직원들은 '뭔가' 입기만 하면 된다고 적혀 있다. '뭔가'는 가끔 잠옷과 목욕 가운과 슬리퍼로 둔갑하기도 한다. 구글러구글에서 일하는 직원들을 가리키는 말는 회사에서 전형적으로 느껴지는 고루하고 딱딱한 분위기에서 벗어나 편안하고 안락한 환경에서 일을 한다. 구글에서 누릴 수 있는 특별한 혜택은 건물에서 건물로 이동할 때 직원들이 사용할 수 있도록 비치한 자전거와 무료 빨래방 그리고 세그웨이 스쿠터커다란 바퀴 두 개, 발판, 손잡이로 구성된 1인용 전동 스쿠터. 탑승자가 무게 중심을 이동하기만 하면 전진, 후진, 정지가 모두 가능하다로까지 확대되었다.

거래가 시작되었을 때 구글 주식의 가격은 한 주당 85달러였다. 그날 주식 시장이 문을 닫을 때까지 1900만 주가 넘는 구글 주식이 팔렸고 한 주당 가격은 거의 100달러까지 치솟았다. 다음 날에는 가격이 108달러 31센트에 이르렀고 그 이후에도 계속해서 상승했다. 석 달 만에 구글 주식의 가격은 한 주당 200달러를 넘어섰다. 2005년 여름 무렵에는 한 주당 가격이 대략 300달러 선을 유지했다. 그러다가 2007년 10월이 되자 주식 가격이 한 주당 600달러 선을 돌파해 미국의 대규모 유통업체인 월마트와 세계적인 음료 회사 코카콜라를 비롯한 거대 기업은 물론 마이크로소프트와 야후 같은 IT 업계를 주도하는 경쟁사의 주식 가격을 뛰어넘었다. 주당 85달러에 주식을 샀던 사람들은 주식 가격이 처음보다 600% 이상 오르는 기쁨을 맛보았다.

세르게이와 래리는 순식간에 억만장자가 되었고 회사의 가치는 30억 달러를 넘어섰다. 두 사람이 미국의 경제 전문지 《포브스》가 선정한 '2004년도 미국에서 가장 부유한 인물 400인' 명단에 마흔세 번째로 이름을 올렸을 때 두 사람의 재산은 각각 40억 달러였다. 학위 과정을 잠시 중단하고 사업에 뛰어든 두 젊은이가 미국에서 가장 부유한 사람들 중 두 명이 되었다. 그리고 구글은 계속해서 성장했다.

회사가 일반인에게 주식을 공개하고 팔기 시작한 이후 구글의 주식 거래 가격은 계속해서 상승했다.

08

전 세계로의 확장과 시련

2004년 당시 서른한 살이었던 세르게이와 래리는 억만장자가 됐는데도 여전히 검소하게 살고 있었다. 두 사람 중 어느 누구도 세간의 주목을 끌고 싶어 하지 않았다. 주식 상장 이후 한 인터뷰에서 래리는 유명 인사가 되었다는 사실에 익숙해졌냐는 질문에 이렇게 대답했다.

그런 건 진짜 익숙해지지 않습니다. 저는 단지 뭔가를 발명하고 그것들을 세상에 내놓고 싶은 사람일 뿐입니다. 저는 정말 운이 좋게도 어떤 것에 영향을 미칠 수 있는 재능을 타고난 것 같습니다. 그런 행운에는 재능을 좋은 곳에 사용해야 한다는 엄청난 책임감이 뒤따르지요. …… 저는 요즘 뭔가 중요한 일들을 해야 한다는 압박감을 예전보다 더 많이 받습니다. 이제는 많은 사람들에게 책임감을 느낍니다.

구글, 더 큰 그리고 더 나은

세르게이와 래리는 전 세계에 구글이 어떤 영향을 미치는지 깨닫기 시작했다. 두 사람은 계속해서 아일랜드, 인도, 오스트레일리아를 비롯한 전 세계에 구글 지사를 열었다. 구글은 국제적인 기업으로 확장하는 동시에 재미있고 혁신적인 기술을 선보였다.

2003년 12월 구글은 '구글 북 서치' 기능의 첫 번째 버전을 공개했다. 이 기능은 책 내용의 일부를 스캔해서 저장하여 온라인 사용자들이 볼 수 있게 만든 것이었다. 1년 뒤 구글은 하버드대학교, 스탠퍼드대학교, 미시간대학교, 옥스퍼드대학교 같은 대학 도서관 및 뉴욕 시립도서관과 손을 잡았다. 이들은 저작권 기한이 만료된

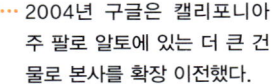
◀···2004년 구글은 캘리포니아 주 팔로 알토에 있는 더 큰 건물로 본사를 확장 이전했다.

책들을 스캔해 훗날 '구글 도서관'이라고 불리게 될 공간에 저장했다.

2004년 봄 세르게이와 래리는 구글이 만든 이메일 서비스인 지메일을 발표했다. 지메일은 마이크로소프트 사가 제공하는 이메일 서비스보다는 500배, 야후보다는 250배 더 큰 저장 공간을 제공했으며 모든 서비스는 무료였다.

2005년 2월 이미지 11억 개를 분류해서 정리한 '구글 이미지'가 또 하나의 이정표를 세웠다. 그리고 같은 달에 연이어 '구글 맵'을 등장시켰다. 이 맵은 AOL사가 제공했던 디지털 지도와 길 안내 서비스 '맵퀘스트'를 대체할 수 있었다. 같은 해 말 '구글 어스'가 온라인에 등장했다. 구글 어스는 지구 상 어느 곳이든 자신이 보고 싶은 장소를 선택하면 3D로 제작된 이미지가 화면에 나타나고 사용자가 마음대로 이미지를 확대, 축소해 볼 수 있는 서비스이다.

2006년 10월 구글은 온라인 동영상 커뮤니티인 유튜브를 16억 5000만 달러에 사들였다. 구글이 유튜브를 인수함으로써 가장 유명한 온라인 회사 두 곳이 합병되었다. 언론 보도 자료에서 구글은 이렇게 약속했다.

새롭게 구글 일원이 된 사람들은 동영상을 업로드 하고, 보고, 공유하는 데 관심이 있는 사용자들에게 더 훌륭하고 더 종합적인 서비스를 공급하도록 온갖 노력을 기울일 것입니다. 또한 전문적인 콘텐츠를 가지고 있는 사람들에게는 직접 만든 작품을 수많은 관객들 앞에 보일 수 있는 새로운 기회를 제공할 것입니다.

유튜브

유튜브의 설립자는 세 사람이었다. 당시 그들은 자신들을 포함한 인터넷 사용자가 동영상을 손쉽게 공유할 수 있기를 바랐다. 2005년 초 유튜브의 베타 버전 페이지가 온라인 상에 등장했다. 유튜브의 웹 사이트가 공식적으로 서비스를 개시한 시기는 2005년 말이었다. 그 이후 유튜브는 세상에서 가장 큰 인터넷 동영상 공유 사이트로 빠르게 성장했다. 무료로 제공되는 온라인 서비스로 인해 가정용 비디오카메라로 찍은 홈 무비와 텔레비전 프로그램의 일부를 담은 동영상 클립, 영화와 텔레비전 드라마 예고편, 뮤직 비디오, 동영상 블로그 등 아마추어와 전문가가 제작한 동영상들이 1억 개도 넘게 유튜브 사이트에 업로드 되었다. 유튜브 최초의 동영상은 2005년 4월 23일에 업로드 되었으며 동물원에 있는 여러 동물 중 하나가 등장하는 영상이었다. 2006년 구글은 유튜브를 16억 5000만 달러에 사들였다.

그러나 구글이 계속해서 최첨단 기술을 선보이는 동안 모든 사람들이 구글의 손을 들어 준 것은 아니었다.

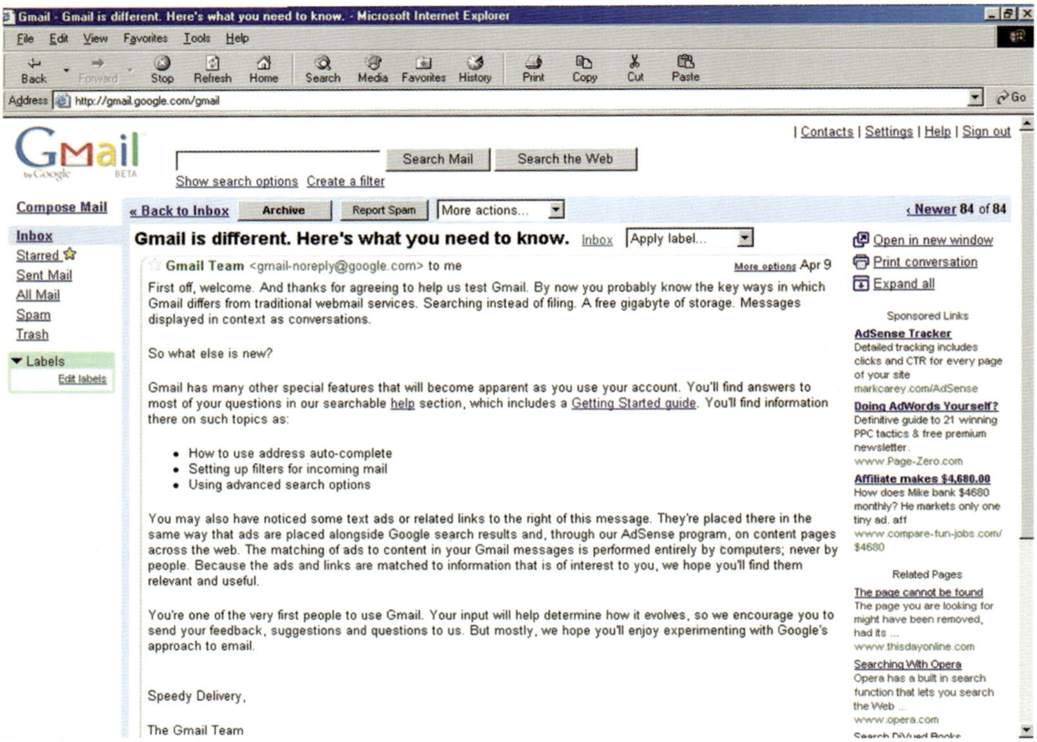

초창기 지메일을 시범 사용했던 사람들은 지메일만의 특징과 장점을 소개하는 메시지를 받았다.

이어지는 소송들

창문용 블라인드와 벽지를 비롯해 다양한 인테리어 장식용 제품을 판매하는 미국 회사 '아메리칸 블라인즈'가 회사 이름과 함께 '블라인즈'라는 키워드를 사용하겠다며 광고 프로그램 애드워즈를 구입했다. 하지만 얼마 뒤 이 회사는 자신의 경쟁사가 '아메리칸 블라인

구글 맵과 스트리트 뷰

2007년 5월 구글은 구글 맵에서 지원할 스트리트 뷰 기능을 발표했다. 스트리트 뷰는 구글 맵에서 위치를 지정하면 그 거리의 실제 모습을 차례로 보여 주는 서비스이다. 사용자는 화면을 통해 거리를 따라 돌아다니거나 사진을 확대하고 축소하며 특정 지역의 모습을 좀 더 자세히 살펴봄으로써 지도 하나만으로 얻는 지식보다 더 많은 지식을 얻을 수 있다.

제공되는 이미지는 카메라를 장착한 자동차가 360도로 촬영한다. 비좁은 골목이나 스키 슬로프 같이 자동차가 달릴 수 없는 지역일 경우 눈이나 얼음 위를 달리도록 만든 설상차나 삼륜 오토바이를 활용했다.

서비스를 처음 시작했을 때는 미국에 있는 대도시 지역에만 스트리트 뷰 기능이 제공되었다. 2010년이 되자 미국 전역은 물론 프랑스, 이탈리아, 독일, 영국, 체코를 비롯한 몇몇 유럽 국가에도 스트리트 뷰 기능이 제공되었다. 최근에는 일본, 남아프리카 공화국, 오스트레일리아가 서비스 대상 국가에 이름을 올렸고 계속해서 새로운 지역이 추가되고 있다.

하지만 사생활 보호주의자들은 스트리트 뷰 서비스를 비난했다. 많은 지역에서 알아볼 수 있을 정도로 또렷하게 찍힌 가정집들이 등장했고, 이미지를 확대하면 집 안을 훤히 들여다볼 수 있는 경우도 있었다. 다른 정지 이미지에서는 자동차 번호판이 확실하게 보이기도 했다. 많은 사람들이 스트리트 뷰 기능이 사생활을 침해하고 개인 정보를 노출시키는 위협적인 존재라고 주장했다.

즈'라는 키워드를 더 많은 돈을 내고 구입할 수 있다는 사실을 발견했다. 만약 그렇게 된다면 소비자가 아메리칸 블라인즈라는 키워드를 검색할 때 경쟁사의 웹 사이트를 방문할 수도 있는 일이었다.

비슷한 사례가 미국의 대표 온라인 자동차 보험 회사 '가이코'에서도 발생했다. 2004년 두 회사가 구글을 상대로 상표권을 침해했다며 소송을 제기했지만 2건의 소송 모두 기각되었다. 하지만 유럽에서도 비슷한 소송이 일어났고 결국 구글은 재판에서 지고 말았다.

사생활 침해 논란

지메일 역시 사생활 보호주의자들에게 거센 공격을 받았다. 구글이 새롭게 선보인 이메일 서비스는 이메일 내용 뒤에 광고를 덧붙여 돈을 벌었다. 구글 이메일 서버가 사용자가 작성한 이메일을 살펴보고 이메일 안에 담긴 내용에 따라 적당한 광고를 추가했다. 사생활 보호주의자들과 정치가들이 돈을 벌기 위한 구글의 새로운 시도를 공격하기까지 그리 많은 시간이 걸리지 않았다. 미국의 유력 일간지 《월스트리트저널》의 유명한 IT 전문 칼럼니스트 월터 모스버그는 이런 기사를 썼다.

여기서 발생하는 문제는 광고와 사용자가 작성한 이메일 내용 사이에 혼란이 생길 수 있다는 것이 아니다. 적당한 광고를 추가하려고 키워드를 찾는 동안 구글이 사용자의 개인적인 이메일을 읽는다는 데 있다. 구글의 이런 시도는 명백한 사생활 침해 행위로 보인다.

사생활 보호주의자들은 이메일 내용을 살펴보는 행위에 대해 거세게 항의했다. 뿐만 아니라 구글이 사용자가 실행하는 인터넷 검색 명령을 분류해 목록을 작성할 능력이 있다고 주장하기까지 했다. 구글이 수집한 정보를 정부에 넘기지 않을까 하는 걱정도 점점 커져 갔다.

세르게이와 래리는 지메일을 반대하는 세력에 깜짝 놀랐다. 두 사람은 구글의 사생활 침해 행위가 다른 이메일 서비스에서 벌어지는 수준과 비슷하다는 점을 지적했다. 하지만 결국에는 폐쇄된 이메일 계정과 삭제된 이메일에 대한 정보를 될 수 있는 대로 빨리 없애겠다고 밝혔다.

중국에서 벌어진 전쟁

구글이 성장하고 발전을 거듭하는 동안 그들이 전 세계에 미치는 영향력도 커졌다. 구글은 미국에만 20개의 사무실을 설치하고 전 세계 36개국에 지사를 설립하는 등 국제적인 성공을 거두었다. 그러나 모든 국가가 구글 검색 엔진이 추구하는 원칙에 동의한 것은 아니었다.

2006년 1월 구글의 중국 홈페이지 '구글 차이나google.cn'가 세상

중국 딜레마

세르게이와 래리는 구글 중국어 사이트에 검열을 허용하기로 한 결정으로 사람들에게 비난을 받았다. 정기 주주 총회에서 주주들은 인권 침해 논란이 있는 중국에서 사업을 철수해야 한다고 주장했다. 세르게이는 다른 검색 엔진들도 어쩔 수 없이 비슷한 일을 했음을 알고 있었던 터라 검열을 하기로 결정을 내린 구글의 입장을 변호했다. 주주들에 맞서 구글의 검열 정책을 옹호하게 된 세르게이는 철수를 주장하는 사람에게 어떤 검색 엔진으로 바꿀 것인지 물었다. 그가 야후라고 대답하자 세르게이는 이렇게 대꾸했다. "아, 자기네 사용자들의 개인 정보를 중국 정부에 넘겨서 체포되게 만든 그 회사요?"

에 모습을 드러냈다. 결정을 내리기까지 논란이 많았지만 구글은 중국 내에서 적용되는 인터넷 검열법을 따르기로 했다. 중국은 미국과 똑같은 수준으로 국민들에게 언론의 자유를 허용하는 국가가 아니었다. 사용자가 중국 당국이 금지한 검색어를 입력하면 검색 결과를 보여 주는 페이지 대신 검색 결과가 현행 법규를 위반했다는 설명을 담은 페이지가 나타났다.

세르게이와 래리는 구글의 검색 결과 페이지를 중국 당국이 검열할 수 있게 했다는 이유로 비난을 받았다. 비난을 하는 많은 사람들이 구글의 검열 행위가 구글의 모토인 '사악해지지 말자'를 위반하는 행동이라고 주장했다. 사람들은 전체 인구가 10억 명이 넘는 중국 사람들이 완전한 정보를 얻지 못하도록 구글이 막아서는 안 된다고 생각했다. 그러나 두 사람은 어려운 딜레마에 부딪쳤다. 중국 법을 따르지 않는다면 구글은 중국에서 추방당할 수도 있었다.

2010년 1월 구글은 중국 홈페이지에서 더 이상 검열을 하지 않기로 했다고 발표했다. 그 대신 2010년 봄을 보내는 동안 구글은 중국 정부의 검열이 없는 홍콩 사이트로 중국 사용자들을 자동으로 연결시켰다. 중국 정부는 구글을 중국에서 쫓아내겠다고 위협했다. 그해 6월이 되자 구글은 중국 사용자들을 홍콩 사이트로 자동 재연결하는 대신, 중국 홈페이지에 홍콩으로 연결되는 링크를 추가하는 타협안을 제시했다. 중국은 구글이 제시한 타협안을 받아들였지만 문제를 일으킨 근본적인 원인은 아직까지 해결되지 않고 있다. 중국이 인터넷을 검열하고 구글이 검열 행위에 대해 반대 입장을 고수하는 한 구글과 중국 정부 사이에 형성된 긴장감은 계속될 것이다.

나라마다 다른 검열 문화

정확히 어떤 행위를 검열이라고 규정하는지는 문화마다 다르다. 어린이를 등장시킨 부적절한 영상물은 거의 모든 국가에서 금지 매체로 취급된다. 어떤 국가는 이외에도 폭력이나 성적인 내용을 담은 모든 콘텐츠를 검열 대상으로 삼는다. 미국 법 중에는 학교나 도서관이 특정 콘텐츠로부터 아동을 보호하도록 하는 법도 있다.

미국에서 말하는 언론의 자유란 상대방이 불쾌감을 느낄 수 있는 콘텐츠를 제외한 거의 모든 콘텐츠를 사람들이 자유롭게 만들고 접할 수 있음을 말한다. 다른 국가들은 또 다른 법을 따른다. 예를 들어 독일은 미국 법 상으로는 허용이 될 만한 인종 차별적 내용을 담은 콘텐츠를 허용하지 않는다. 이란 정부는 엄격하게 인터넷을 검열하고 국교인 이슬람교를 비하한다고 생각되는 모든 사이트에 국민들이 접근하지 못하도록 막는다. 이란과 중국을 비롯한 많은 국가들은 인터넷에서 정부 정책에 반대하는 내용으로 의사소통을 하는 모든 행위를 금지한다.

Google 谷歌

| Google 搜索 | 手气不错 |

google.com.hk
请收藏我们的网址

音乐　　　翻译　　　购物

© 2010 · ICP证合字B2-20070004号

2010년 6월 사용자들이 검열을 피할 수 있도록 구글 중국 홈페이지에 구글 홍콩 사이트로 연결되는 링크가 생겼다.

09

억만장자에서 자선 사업가로

해를 거듭할수록 구글은 계속해서 세르게이와 래리의 재산을 불려 놓았다. 두 사람이 보유한 주식의 가치는 수십 억 달러에 달했다. 그렇게 많은 돈을 벌어들였는데도 세르게이의 어머니는 여전히 아들이 스탠퍼드대학교로 돌아가 박사 과정을 마치기를 바랐다. 두 구글 젊은이는 주식을 팔아 매달 어마어마한 돈을 벌어들였고 가끔은 그 액수가 7000만 달러에 이르기도 했다. 결국 두 사람은 연봉

래리 페이지가 '클린턴 자선 재단' 주최로 열린 전직 대통령 초청 자선 행사에서 빌 클린턴(오른쪽) 전 미국 대통령과 만나 악수를 나누고 있다.

을 1달러만 받기로 의견을 모았다. 최고 경영자인 에릭 슈미트도 같은 입장이었던 터라 두 사람과 똑같은 연봉을 받는 데 동의했다.

직원들과 투자자 역시 갖고 있는 주식의 일부를 팔아 수백만 달러를 벌어들였다. 주식을 팔아 몇 백만 달러짜리 새 집을 산 사람도 있었고, 호화롭게 장식한 스포츠카를 타고 회사에 나타난 사람도 있었다. 오랜 시간 많지 않은 연봉을 견디며 살던 구글러들이 마침내 당당하게 성공을 거두었고 구글은 백만장자들이 모인 회사가 되었다. 수석 주방장과 사내 마사지사조차 수백만 달러를 벌어들였다.

GOOGLE.ORG : 부를 나누는 방법

2004년 구글이 주식을 상장*하고 시장에서 구글 주식이 거래되기

상장 매매할 수 있는 품목으로 증권 거래소에 등록하는 일

시작했을 때부터 세르게이와 래리는 자선 단체를 설립할 계획을 세우기 시작했다. 이때 두 사람이 세운 계획으로부터 구글의 비영리 자선 단체인 'Google.org'가 탄생했다. 래리는 오랫동안 막연하게나마 'Google.org'에 대한 꿈을 꾸고 있었다. "우리 두 사람은 세계가 안고 있는 가장 큰 문제들을 해결할 수 있도록 혁신적인 방법과 의미 있는 수단을 적극적으로 도입할 것입니다. 전 세계에 커다란 영향을 미친다는 면에서 언젠가 'Google.org'가 구글의 존재를 능가할 수 있기를 희망합니다."

두 사람은 구글이 번 이익의 1%와 직원들의 근무 시간 1%를 '기후 변화, 가난, 전 세계를 휩쓰는 전염병처럼 지구가 다 같이 겪는

사내 마사지사의 퇴직

구글이 처음으로 채용한 사내 마사지사는 보니 브라운이었다. 그녀는 열심히 일하는 구글의 엔지니어와 프로그래머들의 등을 마사지하며 5년을 보냈다. 브라운이 비정규직으로 채용되었을 때 처음 받은 주급은 450달러였고 그녀는 스톡옵션*도 받았다. 스톡옵션으로 받은 주식을 팔았을 때 브라운의 손에 들어온 돈은 수백만 달러였다. 브라운은 이제 구글에서 은퇴를 하고 매주 그녀를 위해 마사지를 받으러 간다. 브라운은 자신이 누리는 행운에 대한 이야기를 담아 『구글을 안마한 운 좋은 여자』라는 책을 썼다.

스톡옵션 대상이 되는 임직원들에게 일정 수량의 자사 주식을 나누어 주는 것. 회사가 발전해 주식 가격이 오를 경우 그만큼 이득을 얻을 수 있기 때문에 직원들이 열심히 일하도록 유도할 수 있다.

세르게이와 그의 아내 앤은 팔로 알토에서 무척 가까운 곳에 살던 이웃이었다.

문제를 해결할 기술 제품'을 만드는 데 쏟겠다고 맹세했다. 세르게이와 래리는 회사에 다른 자선 프로그램도 추가로 도입했다. 구글은 읽기 능력을 향상시킬 수 있는 자료를 제공하고, 어린이들을 위한 기술 세미나를 개최하기도 한다. 그리고 해마다 컴퓨터공학에 뛰어난 소질을 보이는 여성 대학생과 대학원생들을 지원하는 장학금 제도도 운영한다.

마음만 먹으면 무엇이든 할 수 있다

2008년 인공위성을 하늘로 쏘아 올리던 날, 세르게이와 래리는 아내들과 함께 캘리포니아 주 샌타 바버라에 있는 반덴버그 공군 기지를 방문했다. 구글 로고가 선명하게 박힌 인공위성은 미국 국토지리정보원에서 주도하는 계획의 일부였다. 구글은 이날 발사된 'GeoEye-1' 인공위성이 촬영하는 모든 이미지를 상업적으로 사용할 수 있는 독점권을 얻었다. 인공위성은 지상 위 681km 높이에 떠서 지구를 하루에 열다섯 바퀴 도는 동안 지구 곳곳의 모습을 컬러 사진으로 남겼고, 하루에 35만km²에 달하는 이미지를 촬영할 수 있었다. 또한 하루 동안 촬영할 수 있는 면적은 뉴 멕시코 주의 전체 면적보다도 컸다. GeoEye-1은 구글 어스 서비스에서 제공할 지구의 표면 사진을 공급했다.

2008년 세르게이는 스페이스 어드벤처스에 500만 달러를 맡겼다. 이 회사는 개인에게 우주선을 타고 국제 우주 정거장으로 갈 수 있는 우주 여행 서비스를 제공하는 곳이었다. 세르게이는 스페이스 어드벤처스가 자신을 우주 공간으로 태워다 주기로 한 2011년에 고향인 러시아로 돌아갈 계획을 세웠다. 세르게이와 래리는 구글과 함께 여러 연구 프로젝트를 공동으로 진행하는 미국 항공 우주국NASA의 에임스 연구 센터에 새로운 기업 단지를 세우기로 의견을 모으기도 했다.

결혼식을 올리다

스탠퍼드대학교 대학원생 시절부터 억만장자가 되기까지 세르게이와 래리는 될 수 있는 한 개인 생활을 남들에게 공개하지 않으려고 노력했다. 두 사람 중 어느 누구도 이름을 널리 알리고 세간의 관심을 받는 일을 편안하게 여기거나 즐기지 않았다. 그렇지만 그토록 재산이 많고 영향력이 강한 사람이 완전히 평범하게 살기란 매우 어려운 일이었다. 두 사람이 각각 결혼식을 올렸을 때 타블로이드 신문은 두 사람의 결혼식을 둘러싼 소문으로 시끄럽게 떠들어 댔다.

세르게이의 어머니는 언제나 아들이 '세르게이의 마음을 정말 설레게 하고 즐겁게 해 줄 누군가'와 결혼하기를 바랐다. 2007년 5월 세르게이가 앤 보이치키와 결혼식을 올리자 세르게이의 어머니는 그 소원을 이루었다. 그녀는 세르게이와 래리가 구글을 시작했을 때 차고를 빌려 줬던 수잔 보이치키의 여동생이었다. 결혼식이 거행되는 장소는 철저하게 비밀에 부쳐졌고, 결혼식에 초청된 손님들은 구글 전용기를 탈 때 필요하다며 여권을 준비하라는 말만 들었다.

결혼식은 바하마*에서 거행되었고 피로연은 바닷가 모래사장에서 열렸다. 세르게이와 신부는 수영복 차림으로 바닷가를 향해 헤엄쳐 갔다. 다른 하객들은 배를 타고 피로연장으로 향했다.

앤 보이치키는 팔로 알토에서 자랐다. 앤의 아버지는 스탠퍼드 대학교 물리학과 교수였고, 어머니는 팔로 알토 고등학교에서 저널리즘을 가르치는 선생님이었다. 앤은 유전공학 및 생명공학을 다루는 회사인 '23앤드미'를 공동으로 설립했다. 23앤드미는 사람들의 유전 정보를 분석해 주는 서비스를 제공한다.

바하마 카리브 해에 있는 크고 작은 섬 700여 개로 이루어진 국가. 미국 플로리다 주와 가깝다.

같은 해 말 래리 페이지도 세르게이와 같은 지역에서 결혼식을 올렸다. 2007년 12월 8일 래리는 오랜 여자 친구였던 루신다 사우스위스와 카리브 해에 있는 네커 섬에서 결혼했다. 래리는 전 세계 곳곳에서 오는 하객들을 대신해 모든 비행기 요금을 지불했다. 래리는 결혼식을 비공개로 치르기 위해 섬을 통째로 빌렸다.

스탠퍼드대학교에서 생물의료 정보학 박사 학위를 받은 사우스위스는 남아프리카 공화국에서 의료 사회사업가로 일했다.

세르게이와 래리의 미래

2008년 12월 세르게이와 앤 부부는 아들 벤지를 얻었다. 다음 해 11월 래리와 루신다 부부도 한 남자아이의 부모가 되었다. 그러나 세르게이와 래리가 사생활을 보호하느라 공을 들인 덕에 두 구글 상속자에 대한 정보는 세상에 거의 퍼지지 않았다.

2010년 구글은 주당 가격이 600달러가 넘는 회사들의 대열에 끼었다. 2010년《포브스》지가 발표한 전 세계 억만장자 목록에 각각 175억 달러를 보유한 세르게이와 래리가 24위에 공동으로 이름을 올렸다. 구글의 두 젊은이보다 재산이 많은 미국인은 마이크로소프트 사를 세운 IT 업계의 거물 빌 게이츠를 포함해 여덟 명밖에 되지 않았다.

남편과 아버지라는 새로운 이름을 얻었지만 세르게이 브린과 래리 페이지는 여전히 새롭고 신기한 모험을 즐기고 싶어 한다. 전문가의 관점에서 미래를 바라보는 동안 두 사람의 모든 관심은 사회를 변화시키는 데 쏠린 듯하다. 세르게이는 이렇게 말했다.

> 앞으로 살아가는 동안 첨단 기술을 이용해 사람들이 살고 일하는 방식을 끊임없이 정말 많이 바꿀 수 있었으면 좋겠습니다. …… 사람들은 모두 다 성공하기를 바랍니다. 어느 누구도 부정할 수 없는 사실이지요. 하지만 저는 다음 세대의 사람들에게 지극히 혁신적이고 믿음이 가며 도덕적인 그리고 궁극적으로 세상을 크게 바꾼 사람으로 기억되기를 희망합니다.

래리와 그의 부인 루신다는 가급적 사생활을 보호하려고 노력한다.

구글의 의미와 중요성

요요, 프리스비*, 제록스, 아스피린, 크리넥스처럼 특정 상표가 시간이 흐르면서 트레이드 마크가 되어 제품 자체를 가리키는 말과 동일하게 사용되는 경우가 있다. 누군가 다쳤을 때 반창고 대신 'XX 밴드'를 가져다 달라고 하듯이 요즘 사람들은 흔히 온라인에서 검색한다고 말하는 대신 어떤 주제에 대해 '구글링 한다'고 말한다.

프리스비 던지고 받으면서 노는 놀이용 원반

구글은 이제 일상생활에서 흔히 들을 수 있는 단어가 되었다. 구글이 사회에서 중요한 역할을 수행하기 때문이다. 얼마 전까지만 해도 사람들은 정보를 찾기 위해 무수히 많은 자료에 의존했다. 도서관에 꽂힌 책들은 헤아릴 수 없을 만큼 많은 사실을 제공한다. 종이로 만든 지도는 여행 계획을 짜거나 목적지로 향하는 가장 좋은 경로를 찾는 데 도움을 주었다. 신문은 매일 같이 새로운 소식을

구글 번역기

구글 사용자들은 검색 결과 목록에 자국어로 된 웹 페이지만 포함시키도록 제한하는 기능을 사용할 수 있다. 그러나 이외에도 구글 사용자들에게 제공되는 또 다른 유용한 구글 도구들이 있다. 구글 번역기는 입력된 문장을 다른 언어로 번역하는 기능이다. 사용자들은 간단하게 문장을 입력하거나 문서를 구글로 업로드 하고 또는 원본 문서에서 특정 문장만을 복사해 구글 번역기에 붙여 넣은 다음 번역하고 싶은 언어를 선택한다. 자원 봉사 번역가들이 현재 구글 번역기가 지원하는 52가지 언어가 정확하게 번역되는지 검사하는 일을 한다.

전한다. 신문과 잡지 속에는 인기 연예인, 운동선수, 다른 유명한 사람들을 찍은 사진들이 들어 있다. 글을 다른 나라 말로 번역하기 위해서는 사전이나 해당 언어와 관련된 다른 참고 서적이 필요한 경우도 있다. 피자 가게를 찾으려면 전화번호부가 있어야 한다. 아직도 이 모든 수단을 사용할 수 있기는 하지만 이제 컴퓨터 앞에 앉아 키보드만 몇 번 두드리면 거의 모든 정보를 찾을 수 있게 되

었다. 전부 구글 덕분이었다.

구글이 성장하고 발전할수록 전 세계 컴퓨터 사용자들의 일상생활에 커다란 혁신의 바람이 불었다. 컴퓨터 사용자들은 정보, 뉴스, 다른 사람의 글이나 말, 날씨, 지도를 비롯해 굉장히 많은 것을 찾기 위해 구글에 의존하기 시작했다. 구글은 셀 수 없이 많은 자료에서 정보를 추출해 사용자가 손쉽게 접근할 수 있도록 했다. 정보에 손쉽게 접근하는 일은 인터넷이 등장하기 전까지는 불가능했고, 구글이 체계적으로 정리해 검색 결과로 보여 주기 전까지는 매우 복잡하며 믿기 어려운 작업이었다. 구글을 사용하지 않은 채 이 모든 작업을 하려면 상당히 많은 시간을 들여야 했다.

구글의 검색 속도에 중독되다

구글이 수많은 사람들의 정보 획득 방식을 바꿔 놓은 탓에 정보를 찾을 때 인간의 두뇌가 기대하던 바가 바뀌었다고 주장하는 전문가들이 생겨났다. 매우 빠른 속도로 검색 결과가 화면에 나타나자 사용자들은 검색어를 넣자마자 대답이 튀어나오는 상황에 점점 더 익숙해졌다. 연구 주제를 깊이 있게 다룬 지루한 읽을거리는 예전에 그랬던 것만큼 필요한 존재로 여겨지지 않게 될지도 모른다. 사용자들은 링크된 웹 사이트 몇 개만 클릭하면 결과를 재빨리 훑어볼 수 있고, 종종 한 주제에서 다음 주제로 쉽사리 옮겨 다니기도 한다.

"우리가 더 빨리 웹 서핑을 할수록 즉, 우리가 클릭하는 링크와 우리가 보는 페이지가 더 많아질수록 구글과 다른 회사들은 우리에 대한 정보를 긁어모으고 우리에게 광고를 보여 줄 기회를 점점 더 많이 얻게 된다. 상업적 인터넷 사이트를 소유한 사람들 대부분은 우리가 링크와 링크 사이를 건너뛰면서 흘리고 다니는 작은 데이터를 수집한다. 이런 작업은 금전적인 이해관계로 얽혀 있어서 우리가 흘리고 다니는 데이터가 많으면 많을수록 좋다. 회사들이 가장 바라지 않는 것은 사용자들이 느긋하고 한가롭게 무언가를 읽거나 집중하며 천천히 생각하는 일이다. 사람들의 집중력을 떨어뜨리도록 유도하는 행위는 이러한 회사들의 금전적인 이해 때문에 생긴다."

니콜라스 카의
『구글은 우리를 바보로 만드는가?』에서

런던대학교에서 최근 5년 동안 사람들의 온라인 검색 습관에 대해 조사한 보고서를 보면 이렇게 쓰여 있다.

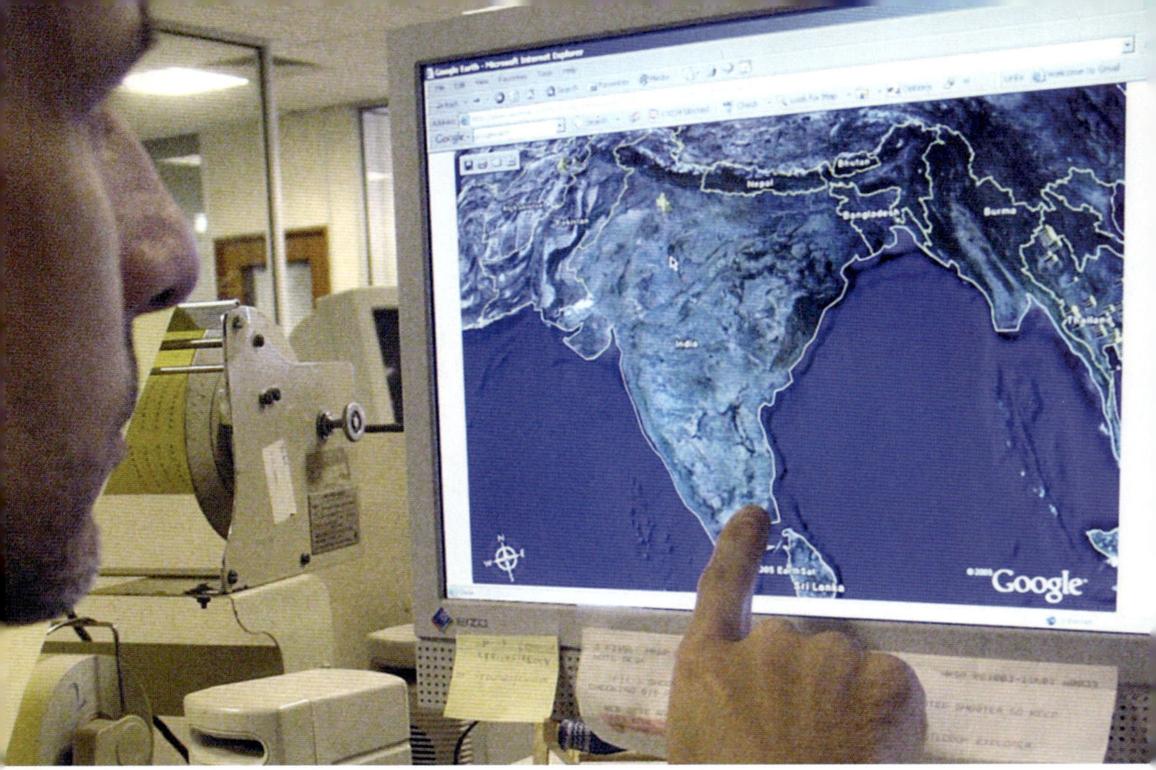

구글 어스를 비롯해 구글이 제공하는 프로그램들은 사람들이 정보를 찾는 방식을 바꿔 놓았다.

구글을 이용하는 사람들은 한 자료에서 다른 자료로 건너
뛰고 예전에 방문했던 사이트로는 거의 되돌아가지 않는
'필요한 부분만 골라 훑어보는 행동 양식'을 보인다. 구글
사용자들은 또 다른 사이트로 '뛰쳐나가기' 전까지 보통 기
사나 글을 한두 페이지 이상 읽지 않는다. 가끔씩 구글 사
용자들이 긴 글을 저장하는 경우도 있지만 이들이 저장한
글을 다시 열어 보고 실제로 그 글을 읽는다고 증명하는
자료는 존재하지 않는다.

미국의 종합 시사 잡지 《애틀랜틱》의 기고가인 니콜라스 카는 구글이 온라인에 저장된 정보를 가치 있게 만들었다는 의견에는 동의한다. 하지만 카는 검색어를 입력하자마자 순식간에 화면에 나타나는 검색 결과와 사람들이 온라인에서 주로 하는 웹 서핑이 상당히 많은 부작용을 낳을지도 모른다고 걱정한다. 카는 책을 읽을 때 예전과 달리 어려움을 느낀다고 말하면서 이렇게 된 이유는 자신이 인터넷을 사용했기 때문이라고 비난했다.

구글 없는 삶

2008년 1월 영국 브라이튼대학교에서 대중 매체학을 가르치는 타라 브라바즌 박사가 신문 기삿거리가 되었다. 학생들이 연구 과제를 진행할 때 구글과 온라인 백과사전 위키피디아를 사용하지 못하도록 했다는 이유였다. 브라바즌 박사는 학생들에게 "구글 사용법을 배우려고 대학교에 오지 마라"라고 말했다. 브라바즌 박사는 학생들에게 구글 대신 200개가 넘는 자료 목록을 제공했다. 목록의 대부분은 책과 학술지가 차지했다. 브라바즌 박사는 학생들이 인터넷에서 발견한 것만을 전부로 받아들이고 결국 "놀라운 내용을 담은 책들이 매일같이 엄청나게 많이 출간되고, 책이 세상에서 가장 훌륭한 연구 자료를 제공한다"라는 사실을 무시하게 된다고 주장했다.

요즘 들어 책을 두세 페이지만 읽어도 집중력이 흩어지기 시작하는 경험을 자주 한다. …… 예전에는 뜻을 되새기면

구글링이 집중력을 떨어뜨리는가?

미국 공영 방송 PBS에서 운영하는 코너 '미디어시프트'는 새로운 대중 매체가 사회에 어떤 영향을 미치는지에 대해 다룬다. 코너의 편집자인 제니퍼 우다드 마데라조는 한 기사에서 구글과 위키피디아가 등장하기 전까지 자신이 어떤 식으로 일을 했는지 거의 기억나지 않는다고 인정했다. 도서관에 가거나 집에 있는 백과사전을 들춰 보던 날들은 이제 먼 옛날이 되었다. 제니퍼는 이렇게 말했다.

전 거의 10년 동안 도서관에 가지 않았습니다. 조사해야 할 것이 있으면 전부 인터넷을 사용하지요. 그리고 실제로 인터넷이 없으면 완전히 바보가 된 기분이 듭니다. 구글과 위키피디아는 순식간에 정보를 찾을 수 있다는 만족감을 주었고 저를 참을성 없는 응석받이로 만들었습니다. 원하는 것을 찾아 느긋하게 뒤적이던 즐거움은 빨리 찾고자 하는 욕심에 자리를 내주고 말았지요.

인터넷, 구글, 위키피디아 같은 여러 가지 도구들 그리고 온라인으로 볼 수 있는 책, 신문, 잡지, 학술지 덕분에 도서관으로 찾아가 종이에 인쇄된 자료를 찾아야 하는 경우가 많이 사라졌다. 마데라조가 지적했듯 구글과 함께 하는 생활이 훨씬 더 편하게 느껴지자 도서관에 가서 자료를 찾는 일이 중요하지 않다고 생각하는 사람들도 생겨났다.

정보를 빠르게 찾을 수 있는 기회를 얻는 대신 질 높은 정보를 찾을 기회는 잃어버렸습니다. 천천히 찾아가면서 무엇일까 궁금해 하고 나름대로 이론을 펼쳐 보다 결국 찾고자 했던 것을 찾고서 무언가 배웠다는 기쁨에 가슴이 벅차오르는, 예전에 했던 대로 뭔가를 찾는 동안 누릴 수 있었던 뭐라 말하기 힘든 혜택은 말할 것도 없지요. 저는 많은 것을 잃어버렸습니다.

서 천천히 읽는 행위가 자연스러웠는데 이제는 많은 노력

이 필요하게 되었다. 나는 내 안에 무슨 일이 벌어지는지

알 수 있을 것 같다. 나는 지금까지 10년 넘게 검색을 하거

나 웹 서핑을 하며 온라인에서 시간을 많이 보냈다. ……
내 머리는 이제 여러 개로 나뉜 정보의 조각들이 빠르게
스쳐 지나가는, 인터넷이 제공해 주는 방식대로 정보를 받
아들일 준비를 한다. 과거의 내가 단어로 가득 찬 바다를
헤엄치는 스쿠버다이버였다면 지금의 나는 제트 스키를
탄 사람처럼 겉면만 훑고 지나가는 사람이다.

몇몇 전문가들은 검색어를 입력한 지 단 몇 초 만에 검색 결과
목록을 보여 주는 구글의 능력에 익숙해진 다음부터 인터넷 사용
자들이 정보를 발견하고 의미를 되새기며 자세히 읽는 능력을 상
실하고 있다고 걱정한다.

인간이 정보를 발견하고 깊이 생각하며 읽는 능력을 잃었다고
걱정하는 사람들의 등장은 구글이 우리에게 미치는 영향력이 무
엇인지 단적으로 보여 준다. 검색 엔진 하나가 정보를 찾기 원하는
사회 구성원들의 생각과 행동 방식을 영원히 바꿔 놓았다. 어떤 사
람들은 래리와 세르게이가 인류에게 준 선물을 한때 손으로 직접
베껴야 했던 책과 문서를 빠르게 복사해서 널리 퍼뜨릴 수 있게 한
인쇄 기술의 발명과 비교한다. 구글은 전 세계 수백만 명에 달하는
사람들의 일상생활에 커다란 영향을 미쳤고 생활방식을 단순하게
만들었다.

구글을 좌지우지할 권한을 포기하다

두 젊은 천재가 어떻게 우정을 쌓고 전 세계적으로 유명해진 검색 엔진을 어떤 식으로 탄생시켰는지를 다룬 이야기는 매우 놀랍다. 세르게이와 래리는 구글과 함께하는 동안 본능을 충실하게 따랐고 그들만의 방식대로 일했다고 말한다. 고집스럽게 자신의 길을 가는 두 사람의 방식은 결국 성공을 거두었다.

2009년 11월 《포브스》지는 세계에서 가장 큰 영향력을 미치는 인물 15위에 세르게이와 래리의 이름을 올렸다. 두 사람은 구글 주식의 59%를 보유하고 있었다. 59%라면 두 사람이 구글의 주주 총회를 좌지우지할 수 있을 만큼 큰 숫자이다. 그러나 2010년 1월 두 사람은 앞으로 4년 동안 주식 500만 주를 팔아 두 사람의 지분을 48%까지 낮추겠다는 계획을 발표했다. 그리고 2014년까지 주식의 과반수를 차지함으로써 구글을 절대적으로 지배하던 자신들의 권한을 축소시키기로 마음을 정했다.

과연 앞으로 무엇이 기다리고 있을까?

가끔은 자금이 떨어지고 가끔은 법적인 다툼에 휘말리는 등 힘든

일을 겪으며 살아남기 위해 열심히 노력했다. 그러는 동안 구글은 계속해서 성장하고 발전했다. 구글은 전 세계 사람들에게 매일같이 뉴스, 정보, 이미지, 지도, 동영상, 이메일을 전달한다. 구글의 심장부에는 전 세계 인터넷에 흩어진 데이터를 좀 더 나은 방법으로 체계적인 과정을 통해 정리할 수 있다고 믿은 두 컴퓨터공학자 세르게이 브린과 래리 페이지가 있다.

두 사람은 구글이 계속해서 발전해 가는 모습을 보고 있다. 래리는 이렇게 말한다. "가장 궁극적인 검색 엔진은 사람만큼 똑똑하거나 혹은 사람보다 더 똑똑한 어떤 존재입니다. 우리에게 검색 엔진을 개발하는 작업은 인공 지능을 만드는 행위와 같습니다." 세르게이는 2004년 미국의 시사 주간지 《뉴스위크》와 인터뷰를 할 때 친구이자 동료인 래리의 생각에 찬성을 표시했다. "만약 전 세계에 있는 정보 전부를 곧장 당신의 머릿속으로 혹은 당신의 두뇌보다 더 뛰어난 인공 두뇌로 끌어온다면 당신은 지금보다 더 나아질 것입니다."

세르게이와 래리는 복잡하기로 유명한 인간의 두뇌보다 훨씬 더 나은 결과를 언젠가는 구글이 보여 줄 수 있다고 생각하지 않을지도 모른다. 하지만 그들은 오늘날 사용되는 검색 기능이 미래에서는 매우 원시적인 도구가 될 것이라는 데에는 의견을 모았다. 지난 10년 동안 구글의 응용프로그램이 엄청나게 성장했다는 사실을 고

려해 볼 때 다음 10년간 구글이 선보일 가능성은 무궁무진해 보인다. 2010년 9월 구글은 사용자가 글자를 입력할 때마다 새로운 검색 결과와 추천 목록을 보여 주는 '구글 인스턴트'를 발표했다. 혁신적인 검색 기능인 구글 인스턴트는 이전보다 더 빠른 검색 결과를 사용자에게 보여 준다.

프로그램 개발자가 자신이 만든 검색 엔진을 어떻게 계속 발전시켜 나가는지와는 상관없이 한 가지는 확실하다. 세르게이 브린과 래리 페이지는 구글을 설립해 정보를 탐색하는 사람들에게 커다란 변화의 바람을 불러일으켰다. 두 사람은 어마어마한 양의 지식을 손쉽게 찾을 수 있도록 체계적으로 정리해 사람들의 손끝에 전달함으로써 인류의 역사에 이바지했다고 기억될 것이다.

세르게이와 래리는 구글의 기술이 미래에도 계속해서 발전하기를 기대한다.

구글이 걸어온 길 1973~2010

1973
3월 26일

미국 미시간 주 이스트 랜싱에서 래리 페이지 태어나다.

1973
8월 21일

러시아 모스크바에서 세르게이 브린 태어나다.

1979
10월 25일

브린 가족이 소비에트 연방을 떠나 뉴욕에 도착하다.

1999
8월

캘리포니아 주 마운틴 뷰에 있는 더 큰 사무실로 구글의 본사를 이전하다.

2000
6월

구글 홈페이지에서 실행되는 인터넷 검색 횟수가 하루 평균 1800만 건을 넘어서 세계 최고의 인터넷 검색 엔진이 되다.

2001
8월

에릭 슈미트가 구글의 새로운 최고 경영자로 채용되다.

1995

래리가 스탠퍼드대학교
를 방문했을 때 안내자
로 나온 세르게이를 처
음으로 만나다.

1996

세르게이와 래리가
함께 백러브를 연구하
여 구글로 발전시키다.

1998

앤디 벡톨샤임이 세르
게이와 브린에게 10만
달러를 투자하다.

2001
9월 4일

스탠퍼드대학교가
페이지랭크 처리 절차
에 대한 내용을 담은
특허를 신청하여 출원
되다. 래리 페이지가
특허 발명자 자격으로
이름을 올리다.

2002
5월

세르게이와 래리가 아
메리카 온라인(AOL)과
기념비적인 계약을 체
결하다. 이로써 AOL은
구글의 검색 기술을 사
용하여 3400만 명에
달하는 소비자에게 다
가갈 수 있게 된다.

2004

봄이 되자 구글은 이메
일 서비스인 지메일을
발표하다.

2004
3월

마운틴 뷰에 있는 새로운 캠퍼스 '구글플렉스'로 구글 본사를 이전하다.

2004
8월 19일

일반 사람들도 주식을 사고팔 수 있도록 구글의 주식을 처음으로 시장에 내놓다.

2004
8월

세르게이와 래리가 비영리 자선 단체인 'Google.org'를 만든다고 발표하다.

2007
5월

세르게이가 앤 보이치키와 바하마에서 결혼식을 올리다.

2007
12월

래리가 루신다 사우스워스와 카리브 해에 있는 네커 섬에서 결혼하다.

2008
12월

세르게이와 앤 부부가 아들 벤지를 얻다.

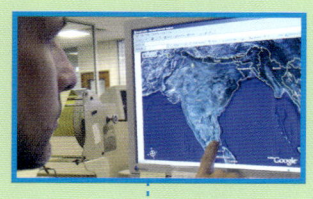

2005

구글이 '구글 맵'과 '구글 어스'를 선보이다.

2006

'구글 차이나'가 모습을 드러냈고, 중국 당국에 의해 엄격하게 검열되다.

2006
10월

구글이 온라인 동영상 커뮤니티인 유튜브를 16억 5000만 달러에 사들이다.

2009
11월

래리와 루신다 부부가 아들을 얻다.

2009
11월

《포브스》지가 세계에서 가장 큰 영향력을 미치는 인물 15위에 세르게이와 래리의 이름을 올리다.

2010
1월

두 사람은 앞으로 4년간 주식 500만 주를 매각해 절대적으로 구글을 지배하던 자신들의 권한을 낮추겠다고 발표하다.